Rituales para la Hechicera del Nuevo Milenio

Scala Videnza

Published by BluedragoonMF, 2018.

RITUALES PARA LA HECHICERA DEL NUEVO MILENIO

First edition. October 9, 2018.

Copyright © 2018 Scala Videnza.

ISBN: 979-8224924554

Written by Scala Videnza.

RITUALES PARA LA HECHICERIA DEL MILENIO

*RECETAS MÁGICAS
PARA ALCANZAR EL ÉXITO EN TODOS LOS
ÁMBITOS DE TU VIDA*

Scala Videnza

***

SCALA VIDENZA

El que no cree en la magia
Nunca la encontrará
Roald Dahl

INDICE

1

Estimado lector, sé que hay personas a las que leer una introducción les fastidia sobremanera, y van directo a la parte que le interesa. Si este es tu caso, en este libro tal vez sean sólo los rituales lo que buscas realizar, y piensas dirigirte directamente a los correspondientes capítulos. Te ruego que no cometas este error. No te saltes estas primeras páginas, donde te daré explicaciones que pueden resultarte indispensables no sólo para el buen resultado de un hechizo, sino quizá para comprender el porqué de ciertas cosas que pasan en tu vida. Te hablaré de lo que representan los colores, los elementos, las flores y las hierbas, y como utilizarlos en tu beneficio. Entonces comprenderás por qué es conveniente ir a una entrevista de trabajo vestida con una prenda roja, en vez de una de otro color. O por qué debemos vestir de azul para realizar un determinado ritual, en vez de negro. En fin, encontrarás sugerencias que te serán muy útiles para la realización de tus hechizos. Si lees atentamente la función de los colores, de las esencias, las hierbas, entre otros., antes de llegar al capítulo de la realización de hechizos específicos, ya deberías estar preparada para realizar los tuyos propios.

Disfruta cada página, todas las palabras impresas en este libro fueron pensadas para ti, para introducirte armoniosamente en un universo mágico.

Magia es poder en acción. La palabra magia proviene del latín, "magia", que se traduce como ser capaz de realizar algo, tener poderes. Realizarla, es un acto evidente y positivo por medio del cual podemos crear, convertir los deseos en realidad. Hay quién cree que para crear magia hay que invocar deidades o a santos (según las creencias religiosas), la verdad es que la magia nos rodea todo el tiempo, solo que por medio de los rituales la activamos y podemos transmutar una realidad negativa en positiva, mediante la fe. La verdadera magia es la que actúa desde el corazón, sin tratar de interferir en la vida de otras personas. Realizar rituales en nuestro beneficio y en el de nuestros seres queridos nos lleva a vivir una vida más auténtica y feliz. No por nada se dice que el amor es mágico, se define así porque genera un estado de plenitud.

En un pasado remoto, casi todos los habitantes de la Tierra creían que su vida era regida por la magia. Los mitos de muchos países nos hablan de hadas, duendes y entes que habitaban los bosques. Para estos hombres y mujeres de antaño, para estos magos, detrás de cada árbol, arbusto o hilo de grama podía estar escondiéndose un genio. La naturaleza era respetada por ser su hábitat. Era un mundo fantástico, donde los hombres interactuaban con estos seres, aprendiendo de su sabiduría, recibiendo sus favores o despertando su enojo, según los casos.

Ciertas acciones se llevaban a cabo bajo los influjos lunares, y determinadas ceremonias se efectuaban solamente en fechas señalas, por ejemplo los equinoccios. Sabían por experiencia que aquel día en particular actuaban energías favorables.

Pero, en su afán por mantener el control sobre las masas, los sacerdotes de las diferentes religiones que se fueron formando en el planeta comenzaron a perseguir los creyentes de la magia como brujos malvados, provocando la desconexión casi completa de los humanos con las fuerzas naturales de la naturaleza. Casi, pues muchos magos, a riesgo de su propia vida, siguieron transmitiendo sus conocimientos de generación en generación.

Luego, la revolución científica, con su explicación lógica para cada manifestación, dio otro golpe durísimo a este mundo sorprendente en el cual vivían nuestros ancestros.

¡Qué desafortunada pérdida, para los humanos!

Los procesos mágicos de nuestros antepasados, los rituales, les permitía llegar a conectar con su propio espíritu, y con la conexión que éste tiene con las fuerzas no manifestadas visualmente, pero presentes siempre.

Si bien reconocemos que muchas veces la fantasía superaba la realidad, no se puede negar que el instintivo sentir de nuestros ancestros era verdadero. Hoy en día ciencias como la física cuántica, astrofísica o la astronomía reconocen la existencia de estas fuerzas de diferentes poderes, que actúan al fin de mantener la armonía universal. Y al estar estas energías compuestas por fuerzas positivas y negativas, trabajan creando fuertes equilibrios o desequilibrios, influyendo en los seres humanos y en el desarrollo de la vida misma.

De allí, que nuestros ancestros no andaban muy descaminados al creer que sus vidas eran regidas por impulsos que se escapaban de su control.

Hoy andamos por los mundos tan acelerados que nos olvidamos de vivir. La pérdida de los rituales, sobre todo los colectivos, ha confundido la conexión para sentir el poder, la fuerza y la capacidad transformadora que tiene cada uno de nosotros cuando está enfocado en un objetivo. Las estaciones son rituales que la naturaleza realiza como renovación periódica de sus leyes, nosotros vemos los efectos, en la nieve, el calor del verano o el hermoso despertar en la primavera. Los ritos, por medio de sus resultados tangibles, permiten reconocer la pertenencia a alguna realidad natural que escapa a nuestra comprensión, pero que debe ser respetada por sus efectos.

Debido al auge de las explicaciones racionales y científicas, hasta hace poco, hablar de magia o esoterismo provocaba, en algunos, miradas de desdén o de compasión. Pero, gradualmente la ciencia ha ido tropezando con manifestaciones las cuales, si bien no puede explicarlas, tampoco puede negarlas. Y así, apoyado por la ciencia, el ser humano está volviendo a sus orígenes mágicos.

Estamos rodeados de impulsos, tanto negativos como positivos, y según como éstos actúan, nos sentimos llenos de vida y optimismo, o deprimidos y negativos, sin que haya un motivo aparente o concreto para ello. El hecho de tomar conciencia de esto y poner a trabajar estas energías a nuestro favor, cambiará nuestra existencia.

¿Qué es una bruja o un brujo? Es una persona que aprende, desde el amor y el respeto a la individualidad ajena, a reconocer y manejar estas energías en favor suyo y de sus seres queridos. Hago hincapié en el "respeto a la individualidad ajena" porque nadie, absolutamente nadie tiene el derecho de entrometerse en la voluntad de otra persona por medio de hechizos, para tratar de cambiarla. Al hacerlo, inevitablemente activa las correspondientes leyes universales, por ejemplo, la de causa y efecto, o la del boomerang. La primera nos enseña que recibimos con creces los efectos de nuestro proceder, y la segunda señala que todo lo que deseamos para otra persona, le llega a la misma, pero rebota y regresa hacia nosotros, con las mismas consecuencias deseadas.

Hay siete leyes que rigen el universo, manteniendo su armonía, y quién las infringe activará de forma automática las consecuencias de su proceder. (Las pondré al final del libro con su explicación, como regalo para ustedes) Somos el resultado de nuestros pensamientos, deseos y acciones. Somos lo que pensamos y queremos, para nosotros y nuestro prójimo, por ello la magia no puede ser utilizada para interferir en el libre albedrío de los demás, o con la intención de hacer daño. Bajo ningún concepto debemos manejarla para tratar de cambiar los deseos o el proceder ajenos, aun cuando creemos estar actuando en justicia, pues estaremos infringiendo las leyes. Los rituales mágicos se deben realizar solo en beneficio propio y de nuestros seres queridos, y nunca con la intención de interferir con la voluntad, la salud o la forma de ser de otra persona, no tenemos el derecho de hacerlo. Sí, podemos realizar rituales con la intención de ayudar a terceros, por ejemplo a un hijo que se prepara para un examen importante. Podemos realizar un rito que abra su mente, y deje aflorar su sabiduría sobre el tema. O una persona querida que acude a una trascendental entrevista de trabajo, podemos ayudarla energéticamente con una magia de apoyo, para que encuentre la serenidad necesaria durante el dialogo. En fin, con los rituales que te sugiero, lo único que haces es enviar amor y luz al corazón de la otra persona, nunca estarás tratando de cambiar su voluntad o libertad.

¿Qué son los rituales? Son acciones simbólicas que se realizan enfocados en un propósito. La Ceremonia del Té japonesa, las lentejas que se comen al comenzar el año nuevo, las doce uvas de los deseos, todos son rituales que realizamos seguros de que nos ayudarán a llegar a la meta establecida. Por tanto, ¡no, nos coartemos y llenemos nuestra vida de rituales mágicos!

2

LEY DE CAUSA Y EFECTO

Lo que cosechamos en nuestra vida
  Es el producto de lo que sembramos
  Con nuestros pensamientos, palabras y acciones.

PENSAMIENTO, PALABRA Y ACCIÓN

Si creemos que los pensamientos que se forman en nuestra mente nacen y mueren sin ninguna consecuencia, estamos sumamente equivocados. Siendo energía, invisible pero muy real, en cuanto los creamos, salen y se plasman en el universo, tomando forma etérica. Un pensamiento de derrota esto es lo que traerá a nuestras vidas: fracaso, mientras que los pensamientos de triunfo y éxito nos traerán de vuelta alegrías y satisfacción.

El buen resultado de un ritual depende de la fe que pongamos en él. Cualquier duda al respeto determinará si será o no efectivo. Es por ello que debemos comenzar cambiando el flujo de las ideas que se forman en nuestra mente, pues la actitud mental que asumamos será determinante. La calidad de nuestros pensamientos forja nuestro destino, por ello es importante que seamos capaces de determinar cuales son los más recurrentes, ya que ellos crean la relación con nosotros mismos y tienen el poder de ponernos en acción o paralizarnos, eso es, de llenarnos de entusiasmo o temor. ¿Cómo nos vemos a nosotros mismos? Si acostumbramos pensar que somos desgraciados por nacimiento y nunca nada nos irá bien, pues esto es exactamente lo que nos sucederá. Si realizamos un ritual, pongamos de amor, con esta actitud mental, ¿qué resultados podemos esperar, si creemos que no tenemos suerte en el amor? En cambio, si tratamos de alejar de nuestra mente todo lo negativo, sustituyéndolo por imágenes de éxito y triunfo eso es lo que atraeremos a nuestra vida. Así que el primer paso para cambiar nuestra vida, es cambiar nuestros pensamientos. ¿Qué te dijeron que eres gorda, flaca, fea bizca o insípida? ¿Y qué? Esta eres tú, y no debe importarte la opinión de otro.

Lo único importante es que te sientes bien contigo misma, aceptando tus defectos, si lo hay y no pueden cambiarse. A un ser humano lo hace atractivo no solo su físico, sino también su sonrisa, su calidez, bondad y la forma como se comporte con los demás.

Asimismo las palabras, bien sean orales o escritas, tienen la capacidad de influir en forma positiva o negativa, son un gran instrumento para construir un mundo mejor, el cual puede comenzar en nuestro propio entorno, una herramienta muy poderosa que tiene la capacidad de dar ánimo, curar, unir a las personas o separarlas, generar odios, diferencias irreconciliables y guerras.

Una palabra tiene el poder de ponernos en acción o paralizarnos, de llenarnos de entusiasmo o temor. Todos conocemos a personas negativas, que con solo un par de frases echa por tierra todo nuestro entusiasmo. Personas que, al preguntarles como están, nos abruman con una letanía de dolores y problemas. Estas personas no te benefician, pues sus frases negativas atraen fuerzas negativas. Con amor y bendiciéndolas, aléjate de ellas sin perder tiempo.

Pero conocemos otras que con una sonrisa y una frase de aliento nos animan a cambiar de actitud ¡Positivas, alegres y que infunden animo! Estas son las que mueven energías benéficas en su beneficio y de las personas que las rodean, por tanto, estos serán tus amigos de ahora en adelante.

Y finalmente la acción.

Hay seres que van por la vida con una sonrisa en los labios, mientras otros son la imagen de la tristeza. La expresión del rostro y la postura corporal nos hablan sobre la vida de una persona. Con solo mirarla, sabemos si alguien es feliz o sufrido. Pero si, por mal que nos vayan las cosas, asumimos que la mala suerte nos acompaña, ésta nunca nos abandonará. Atraemos a nuestra vida lo que queremos, por esto, aunque en ciertas etapas parece que nada nos va bien, debemos aprender a asumir una actitud positiva, a sonreír y mantener nuestros hombros bien erguidos. Nada más agradable que, al preguntar a alguien ¿Cómo has estado? Te contesten ¡muy bien! Ahí cada quién tiene dos caminos: envidiar el posible éxito de esta persona positiva, y atraer de vuelta los malos efluvios de la envidia, o dejarnos contagiar por la sonrisa de nuestro interlocutor.

¡Estamos rodeados de energías positivas y negativas! Debemos aprender a manejar estas fuerzas a nuestro favor, neutralizar las negativas y llenar nuestra vida de magia.

Volviendo a un hechizo ¿Cómo asegurar el buen resultado del mismo? En primer lugar, en nuestros pensamientos no debe entrar la duda, todo lo contrario, visualizaremos situaciones donde el resultado esperado ya se dio, enviándole este mensaje al universo. No solo esto, como segundo paso lo plasmaremos en papel, reforzando el resultado positivo con el poder de la palabra escrita. No es aconsejable hablar con terceros de nuestros deseos, pues lamentablemente, la envidia se esconde donde menos lo esperamos, y esta puede echar a perder nuestros planes. Luego, asumiremos la actitud consecuencial: al tener la certeza de que las cosas toman el rumbo que nosotros deseamos, nuestro talante cambiará, la sonrisa aparecerá en nuestros labios, y andaremos por el mundo irradiando felicidad y gozo. La fe, acompañada de los poderes de los elementos, será la que provocará la reacción que nos permitirá una mejora en nuestra situación. El ocultista y mago Alan Clear lo explica en una famosa frase:

"Tengamos presente que es el sentimiento que generamos, aparte de la ayuda exterior, quien genera el poder para obtener lo que deseamos". Es la química cerebral, transmutada a través de la alquimia, quién genera el efecto. Sin nuestro esfuerzo mental y nuestra fe, es muy difícil por no decir imposible, conseguir algo en el mundo de lo mágico.

Luego está la preparación del ambiente donde iremos a realizarlo.

Un sitio donde haya sucio y desorden no se presta para la magia, todo lo contrario: allí habrá una concentración de energías negativas, las cuales, de por sí, son causa de desajuste energético. Jamás haré suficiente hincapié sobre la necesidad de mantener orden y limpieza a nuestro alrededor. Si tienes este libro en las manos, amiga lectora, es porque crees en las energías. Pues bien, todo lo que está a nuestro alrededor, así como tiene una función propia, también tiene su particular halo energético. En Feng Shui este halo se llama "chi". Un buen o mal flujo del chi puede proporcionar buena y mala fortuna en temas de la vida cotidiana como el dinero, el trabajo, las relaciones de amistad o en el amor. Esta misma filosofía aconseja eliminar ángulos agudos de tus muebles, pues son conductores de flechas energéticas dañina ¿Qué más clara que esta explicación para comprender que todo lo que nos rodea está hecho de energías sutiles, que pueden representar una arma dirigida hacia nosotros mismos? Lo importante es comprender que cada una de estas energías tiene una función, y que para que fluya la armonía, debemos comprenderla y segundarlas.

Cada objeto cotidiano fue construido para una determinada necesidad, y se le da el uso correspondiente. Tú no te sientas encima de la nevera, ni utilizas un libro como plato, ni duermes sobre el felpudo ¿verdad? La nevera sirve para resguardar alimentos, los libros para leerlos y los felpudos para limpiar la suela de los zapatos, sus respectivos halos energéticos están enfocados en esto. Tu lugar para sentarte es una silla o el sofá, sirves la comida en platos y duermes en tu cama. Energéticamente, estás acoplando funciones adecuadas. Pero, si las sillas están llenas de ropa amontonada, y el fregadero de platos sucios y los muebles de polvo, ahí hay un desbarajuste energético que sin falta influirá en tu vida, desordenándola en muchos sentidos. Lo peligroso no es el barullo que ves con tus ojos físicos, sino el otro que subyace.

Supongamos que quieres añadir una cucharada de mayonesa a tu taza de café con leche (el sólo pensamiento te produce arcadas ¿no?) Al revolverla cambiará, tal vez, un poco el color del brebaje (lo estás viendo con tus ojos físicos) pero no habrá otro signo que te indique en que bodrio repugnante se convirtió tú, antes, sabroso café. Solo otro sentido, el gusto, te lo dirá. Así mismo, tu vista te dirá lo antiestético que es el desorden, cosa que a muchas personas, de todas formas no le importa lo más mínimo. Pero solo tu sexto sentido, cuando lo desarrolles, te dirá el mejunje energético que hay a tu alrededor. La ropa que usaste en días pasados, tirada sobre una silla, está impregnada con algo de la energía de las personas con la cual entraste en contacto, más la tuya propia, las cuales chocarán con la de la silla y con la de la taza sucia que dejaste encima de la mesita de noche. También con la de tu colonia, la del espejo, la ropa de cama, y (¡horror!) con la del sucio acumulado en la suela de tus zapatos (no por nada en algunas culturas se descalzan antes de entrar) Y si vives en pareja, y entrambos acostumbran dejar cosas sueltas, no te quiero ni contar... Una cosa es la ropa de ambos que convive armoniosamente en el closet, pues sus energías están integradas por medio del amor que se profesan, lo mismo los objetos en el baño, etc. Otra, dejar por todos lados prendas y objetos que rompen la armonía. Por esto hay que mantener cada cosa en el lugar que le corresponde. Mantén limpio y ordenado el ambiente en donde vives, y ya estarás favoreciendo la entrada de energías benéficas. En cuanto termines de realizar una limpieza ya sentirás como la calma y la serenidad se asientan a tu alrededor. En la medida que hay orden en tu entorno, también habrá orden en tu vida.

Antes de realizar cualquier hechizo, realiza el primero y más importantes de los rituales mágicos: comienza vaciando gavetas o estanterías colmadas de papeles viejos e inútiles, como recibos de servicios caducos, documentos vencidos y otro sinfín de cosas que acostumbramos acumular sin darnos cuenta, y luego dejamos olvidados . Lanza a la basura toda esta energía estancada que no te permite avanzar en la vida. Luego comienza a limpiar a fondo. No descuides nada: comienza pasando una escoba limpia por techos y paredes, saca el polvo y las perjudiciales telarañas, limpia los vidrios de las ventanas y deja que el sol fluya, mueve los muebles más livianos y limpia detrás de ellos. Recuerda siempre: polvo y sucio acumulados, equivalen a energías estancadas que no te dejan avanzar.

Si trabajas, lógicamente no podrás realizar todo esto en un día, pero reparte las tareas a lo largo de algunos fines de semanas, y al final tendrás la satisfacción de regresar desde el trabajo a un lugar fresco y agradable. Luego tu tarea será mantener esta limpieza, tarea que resultará mucho más ligera que limpiar a fondo como tal.

Otro consejo muy importante: abre las ventanas y deja circular el aire en el sitio donde vives. Ambientes cerrados significa energía estancada. Aunque en tu país sea invierno y haga mucho frío, dejar bajar un poco la temperatura de una casa en un precio muy bajo en comparación a las ventajas obtenidas. No dejes pasar una semana seguida sin ventilar tus habitaciones, aunque sea unos minutos diarios, deja circular el aire. Esto equivale a dejar circular energías. Y si vives en un clima templado, mantén los vidrios abiertos lo más que puedas ¡bienvenido el sol inundando tu vida!

Es aconsejable también, cada semana, limpiar energéticamente, quemando hierbas y esencias sobre un carbón encendido, y pasear el incensario por toda la casa. Más adelante te diré como realizarla.

Resumiendo ¿Qué es un ritual mágico?

Todos somos brujos, magos, pues todos tenemos una energía natural que podemos reconocer para activarla a nuestro favor. Los rituales nos ayudan a poner en acción esta energía, reforzándola, pues unen pensamiento, concentración, el color, la hierba correspondiente a la necesidad, y el resto de objetos para reforzar la invocación. Nuestro poder mental, más la fe con la que hacemos una petición, activan unas fuerzas cósmicas que ya nadie podrá detener.

Quiero añadir algo más. Sugeriré un conjunto de cosas a tener juntas para realizar un ritual, esto no quiere decir que si, por ejemplo, no tienes flores frescas al lado o no posees una prenda marrón tienes que renunciar al ritual mágico ¡no! El conjunto refuerza la intención, pero si falta algún elemento no pasa nada, tu fe y determinación están ahí, fuertes contra viento y marea y la fe mueve montañas, nada puede contra esto.

RITUALES PARA LA HECHICERA DEL NUEVO MILENIO

Y ahora ¡Bienvenidos al mundo encantado, amigos lectores!

3

En este capítulo se explicarán las cosas que necesitarás para realizar tus hechizos. Podrás adquirirlas de a poco, hasta equiparte. Las velas por ejemplo, pueden proporcionarte un rato agradable mientras escoges aroma y color. Si no puedes comprarlas todas de una vez, recuerda que un color sirve para varios hechizos. Tampoco, en algunos casos, es necesario quemarla por completo, sino el rato mientras realizas el ritual, por esto los velones son prácticos, pues duran más tiempo. De uno en uno, podrás reunir los colores necesarios.

La mayoría de las hierbas son la que comúnmente usamos en la cocina, por tanto no tendrás dificultad en comenzar a secarlas y almacenarlas para quemarlas según el caso. Otras, como la ruda o el eucalipto puedes conseguirlas la primera en un herbolario, la otra en floristería.

Y aunque cada elemento es necesario, tampoco un ritual no irá a funcionar si no tienes todos los ingredientes tal cual como te indico, hay sustitutos. Sé que en algunas ciudades las tiendas esotéricas no son muy comunes, pero seguramente habrá aunque sea una sola, donde podrás comprar los carboncitos y la cascarilla, por ejemplo. A falta, sin embargo, servirá tiza común y carbón de parrilla.

Las esencias sin falta las conseguirás en las tiendas antes mencionadas, aunque también las hay en perfumerías.

A la hora de realizar hechizos, es preferible obviar una esencia que las hierbas quemadas sobre carbones, pues éstas últimas tienen todo el poder de la naturaleza intacto.

Las esencias, por otra parte, son óptimas para relajar y acondicionar los ambientes, y no necesariamente debe usarla durante un ritual, sino como una costumbre útil y agradable. Una fragancia de coco, por ejemplo, neutraliza las energías negativas y favorece la armonía y prosperidad del hogar. La de rosa, otorga tranquilidad y armonía conyugal. Por tanto, puedes poner a quemar esencias todos los días, alternando la función de la misma, para mantener tu casa tranquila y en paz.

UTENSILIOS

Paracelso decía: "...todo trabajo de magia, en donde reina el BIEN como protagonista debe ser hermoso, de fragante aroma y vistosos colores. Y lo contrario, donde el mal es el protagonista debe ser de vil precio, fétidos aromas, desagradables aspectos y nauseabundo..." Estas palabras del célebre mago describen completamente las premisas de la magia.

En nuestro lugar de trabajo, debemos contar con unos cuantos útiles que servirán para realizar los rituales, donde la ayuda a nosotros mismos y al prójimo debe ser el objetivo primordial.

VELAS: de varios colores. Son indispensables para practicar la magia, pues la luz eléctrica es muy perjudicial para la misma. Todo ritual se debe ejecutar al aire libre o a la luz de velas. A la hora de apagarlas, ponle algo encima, nunca soples, pues alejarás la energía que haya desprendido la vela.

CUENCO: para preparar pociones. Debe ser usado solo para hervir hierbas relacionadas con el hechizo que se va a realizar, luego se lava y se guarda.

CAZUELA: para encender fuego durante rituales (pueden ser carbones empapados de alcohol, que mantienen la llama viva)

VASIJA: de cerámica o cristal, donde pondremos las esencias para algún baño, o a macerar los pétalos de flores, etc.

INCIENSARIO: pequeño recipiente de metal con mango largo donde se queman esencias sobre carbones encendidos. Estos carbones en particular, los venden en tiendas esotéricas, son muy fáciles de encender y muy prácticos por su forma, ya que en la parte cóncava del centro depositaremos las hierbas a quemar. A falta de ellos, cualquier trozo de carbón bien encendido servirá.

UN QUEMADOR PARA ESENCIAS
VELITAS PEQUEÑAS PARA EL QUEMADOR.

CASCARILLA: parecida a la tiza, podrás conseguirla en tiendas esotéricas. Es la más indicada para algunos rituales.

UNA PLUMA: será utilizada solo para escribir las palabras de los hechizos.

UN PEQUEÑO BLOK: sus páginas se utilizarán para escribir los hechizos.

UN CUADERNO

Esté ultimo te servirá para realizar listas, dividiendo en grupos las diferentes fragancias, hierbas o infusión para uso determinado. El método que te aconsejo: pon al inicio de cada página, por ejemplo: PROTECCIÓN, en otra: PROSPERIDAD. Mientras avanzas en la lectura, anota en la página correspondiente todas las esencias, hierbas etc. Relacionadas con el tema, divididas por renglón. Así estarás preparando tu propio y personal grimorio. A la hora de realizar un hechizo, simplemente relee tu lista, y escoge los elementos que más te gusten en el momento. Hoy, para la prosperidad te inspira la albahaca, mañana puede ser el laurel o la miel...

Por seguridad, también te recomiendo tener a mano una baldosa de cerámica, (o de cualquier material que no sea inflamable) posiblemente de 40 por 40, o más grande si se puede, en donde colocarás tus velas encendidas. Como sea, al encenderlas manténgalas siempre alejadas de cortinas o muebles, y sobre todo de menores.

HORARIOS

Cualquier hora del día es propicia para realizar un hechizo, pero algunos de ellos es conveniente efectuarlo a la salida o la puesta del sol, según la intención. Por ejemplo, para nuevos comienzos luego de un mal periodo, o para hallar un nuevo amor, el amanecer es un momento de gran concentración mágica. Perder un par de horas de sueño, es un precio irrisorio frente al magnífico espectáculo de la salida del sol, aunque sea una sola vez en la vida. El sitio ideal será un jardín, pero igualmente se puede realizar la ceremonia en un patio, o frente a una ventana o un balcón abiertos, mirando hacia el este.

RITUALES PARA LA HECHICERA DEL NUEVO MILENIO

Si, en cambio, quieres cerrar algún capítulo de tu vida, reencontrarte a ti misma o conocer la verdad sobre algo, el atardecer es la hora ideal para practicar magia.

Las horas del día, cuando resplandece la luz solar, son propicias para realizar rituales mágicos que pueden favorecer los negocios, las relaciones con los demás, todo lo respectivo al amor, expansión, prosperidad y dinero.

La noche, en cambio, debido a la cualidad receptiva y fértil de la luna, se reserva para la magia de adivinación, la búsqueda de verdades ocultas, sobre todo dentro de nosotros mismos. La magia lunar permite ritualizar para lograr objetivos, eliminar hábitos nocivos y alejar cualquier componente indeseable que está perturbando nuestras vidas. Las fases lunares influyen mucho, y más adelante se sugerirá cual es la más apropiada para realizar determinado hechizo.

HORAS:

Amanecer: nuevos comienzos, nuevo amor.

Atardecer: cerrar capítulos, encontrar verdades, introspección interior.

Día: negocios, dinero, actividad.

Noche: desprendimiento, adivinación.

ELEMENTOS:

Aire: para encontrar libertad (los rituales relacionados con este elemento, se deberán realizar en un sitio abierto, o en un lugar bien ventilado)

Fuego: para quemar y transmutar lo negativo y darme vida (siempre estará presente, por medio de los carbones encendidos)

Agua: para purificar. (Mantener al lado un cuenco lleno durante el ritual)

Tierra: para permitirme ser (El cuenco estará lleno de ella)

FASES LUNARES

Aunque no es determinante para el buen resultado de los hechizos, la influencia de la luna en los rituales de magia blanca es un hecho constatado. Esto se debe a la fuerte energía que la luna desprende. Por esto es importante tener en cuenta las fases lunares antes de realizar rituales, pues no todas las fases favorecen todos los rituales. Es decir, dependiendo del tipo de hechizo a realizar, se verá favorecido por una luna u otra. Por ejemplo: los hechizos de amor, prosperidad y de éxito, se verán fortalecidos si se realizan con la luna llena. En cambio, la luna menguante no será beneficiosa para los mismos.

Es importante resaltar que no todos los hechizos dependen de las fases lunares. La mayoría se pueden realizar sin tener en cuenta la luna pero, se pueden ver positivamente influidos por su energía, por ello en algunos rituales indicaré la fase más adecuada, mientras que en otros no será determinante.

La luna tiene cuatro fases bien diferenciadas: llena, menguante, creciente y nueva. A continuación, veremos su influencia en los rituales dependiendo de la fase en la que se encuentre:

LUNA NUEVA:

La ausencia de Luna es propicia para realizar rituales para hacer desaparecer y eliminar todo lo negativo. Borrar malo recuerdos, transmutar rachas negativas... Muy buena también para hechizos de belleza, salud y autodesarrollo, búsqueda de un nuevo empleo, amor, y en general, cualquier tarea o proyectos nuevos.

LUNA CRECIENTE:

Se le llama creciente cuando pasa de nueva a llena. El Cuarto Creciente es muy favorable para dar fuerza y hacer crecer todo lo que nos pueda interesar. Es una luna fecunda, potencia negocios, salud, dinero, éxito, cosechas.... Temas para trabajar durante la luna creciente incluyen: animales, negocios, cambios, emociones y para aumentar la fuerza femenina. Valentía, amigos, suerte y motivación.

LUNA LLENA:

En esta etapa, la luna ofrece toda su fuerza y se pueden efectuar trabajos de protección, adivinación, justicia y espiritualidad. Es excelente para dar vida, para llenar y prosperar todo cuanto podemos necesitar. Es el momento de máxima fuerza para trabajar el amor. Es una luna poderosa para invocar la Justicia Divina y para ritual para el éxito. Potencia las actividades artísticas, los cambios y las decisiones. Actividades familiares, compromisos jurídicos, amor y el romance, prosperidad, protección, superación personal y para agilizar el psiquismo.

LUNA MENGUANTE:

La Luna es menguante cuando pasa de llena a nueva. Durante este periodo tenemos una ocasión excelente para rebajar todo aquello que nos perjudique, las enfermedades, los enemigos, los celos, etc. Para trabajar las adicciones, toma de decisiones, introducción de divorcio, manejo de stress y emociones, y para hechizos de protección.

COLORES

En algunos casos, el uso de un particular color es de mucha importancia a la hora de realizar un ritual, pues al poseer cada uno de ellos un poder propio, trabaja para aumentar la fuerza del hechizo. Por ejemplo, el rojo representa el calor, la calidez y la sexualidad, entre otros. Si queremos aumentar la pasión en la pareja, se deberá utilizarlo, prendiendo una vela y llevando ropa roja al realizar el ritual. Pero, si queremos neutralizar emociones fuertes que crean discordancia en familia, será necesario usar rosado, o azul.

AMARILLO: (en todos sus tonos) relacionado con el oro, es el color de la nobleza, la riqueza y la abundancia. Encarna también el poder de la mente, el intelecto, la luminosidad, fuerza, gloria, el gozo y la alegría.

AZUL: es un tono calmante, de tranquilidad, sinceridad, entendimiento espiritual, devoción, esperanza y fidelidad. También es el color de la sanación.

BLANCO: representa la inocencia y la pureza, la luz, paz, verdad y espiritualidad.

MARRÓN: por ser el color de la tierra, simboliza la solidaridad, lo práctico y la solidez, todo lo concreto y lo arraigado. Favorece la amistad y el éxito.

MORADO: éxito, elevación, prestigio, prominencia social y el logro de los deseos del corazón. Transmuta las energías.

NARANJA: como el rojo, es un color que activa energías. Se usa en rituales de prosperidad y todo lo relacionado con el éxito.

NEGRO: es el color de lo oscuridad, asociado con la muerte y el luto. Nunca debe utilizarse en un hechizo, pues simboliza lo demoníaco y todo lo negativo.

PLATA: el gris a utilizar, siempre será brillante como este metal, representando la sabiduría y la madurez.

ROJO: simboliza el amor y lo cálido, las pasiones, salud, fuerza, generación y triunfos.

ROSADO: el tono del amor, de la esperanza, belleza y moralidad.

VERDE: es el color de la naturaleza e incorpora su bondad, significando la fertilidad, el equilibrio y la vida. También la juventud, la abundancia, calma y estabilidad.

VIOLETA: el color de la curación, la perseverancia, piedad y sacrificio. Es el tono que designa a lo misterioso.

Para dar un ejemplo de cómo aplicar los colores: si queremos activar la energía productiva de un ser querido, realizaremos un ritual donde prevalece el color rojo, comenzando por envolver mentalmente a esta persona con una luz roja brillante.

ESENCIAS:

El espacio donde trabajamos o vivimos, debe estar despejado de energías negativas, bien ventilados y purificados. Para elevar el estado de ánimo es imprescindible recibir estímulos que lo gratifiquen y propicien el cambio. El uso de sahumerios (hierbas e inciensos) y aceites para quemar es muy adecuado para este fin. En las tiendas esotéricas encontraremos aceites y esencias de todo tipo. Las gotas de las mismas se ponen en la parte superior del quemador, diluyéndolas con agua, y en la parte inferior, una pequeña vela prendida. Es el calor el que provoca la liberación de los aromas, por ello se puede untar un poco en los bombillos cuando están fríos, y al prenderlos, el ambiente se inundará de un tenue perfume.

Utiliza la esencia adecuada según la intención. Por ejemplo, una persona nerviosa, luego de realizar el respectivo ritual mágico para relajarse, puede quemar esencia de caléndula para reforzar los efectos. El aceite de coco es un protector natural, moja la punta del dedo y pásalo ligeramente entre los senos (o en la parte del cuerpo que tu quieras) para reforzar tu protección antes de salir de la casa en las mañanas. El de canela o de miel, activa la prosperidad, úsalo de la misma forma, particularmente antes de una entrevista de trabajo o de negocios. Trata de no mezclar fragancias. Si quieres protección, báñate con jabón de coco o de eucalipto, y usa el mismo aceite. Un par de gotas son suficientes, de manera que no interfieran con el perfume que acostumbras usar.

ALMIZCLE: Estimula el amor y la amistad. Crea un estable y armonioso ambiente. Elimina tensiones negativas.

ÁMBAR: revitalizante en lo anímico, anti estrés, estabiliza en general. Almizcle y Ámbar: Una mezcla especial que se emplea para romper maleficios y rachas de mala suerte.

AZAHAR: Este aroma atrae la felicidad y aleja los pensamientos negativos.

BENJUÍ: Atrae buena suerte y protege contra accidentes. Se utiliza para purificar una casa o habitación.

CALÉNDULA: Es propicio para mantener una constante serenidad.

CANELA: para atraer el dinero y el éxito.

CEDRO: para la limpieza y la purificación. Ayuda a activar la valentía.

CLAVEL: Armoniza el ambiente.

CLAVO: Favorece el buen ambiente hogareño.

COCO: Protección, purificación. Es otra de las esencias que contribuye a la armonía y prosperidad del hogar, pues neutraliza las energías negativas.

ESTORAQUE: Se utiliza para limpieza de casas, oficinas o negocios. Es suavizante y unificador, relaja. También tiene poderes sensuales, activa lo sexual, armonizante emocional, unifica y facilita las relaciones amorosas.

EUCALIPTO: Favorece la recuperación de la salud. Calma la agresividad. Además, es muy poderoso para limpiar ambientes. Relajante y refrescante, clarifica y optimiza.

FLOR DE AZAHAR: Propicia el entendimiento amoroso y los enamoramientos.

FRUTILLA: para los afectos y las emociones, unifica y relaja, es anti estrés. Excelente para armonizar una reunión.

GARDENIA: Produce efectos tranquilizantes para aliviar el dolor de un amor terminado. Equilibra el sistema nervioso, ayuda a vencer la tristeza.

GLICINA: Atrae la buena suerte. Especialmente, se usa cuando se desea ganar un pleito legal. Su fuerza es muy poderosa. Conviene quemarlo a media noche para ganar cualquier litigio.

JAZMÍN: Neutraliza la envidia, y atrae suerte en lo personal, profesional, comercial y familiar. Estimulante anímico, antidepresivo y unificador, favorece la meditación y aumenta el apetito sexual.

JENGIBRE: Para activar el poder personal. También relaja el espíritu.

LAVANDA: Calma los nervios y aumenta el optimismo. Si se quema todos los días, evita discusiones matrimoniales y familiares. Revitalizante y refrescante, ayuda al despeje psíquico y a la sensación de paz.

LILA: Se aconseja quemarla para mejorar en los estudios.

MADERA DE ORIENTE: Ayuda al comienzo de nuevos proyectos. Crea un estado absoluto de misticismo.

MADERA DE SÁNDALO: Equilibra el sistema nervioso y la mente. Quemarlo al practicar yoga o al estudiar; también cuando hay alguna persona enferma.

MIEL: Atrae dinero, suerte y amor.

MIRRA: protección, espiritualidad.

OPIO: Estimula la sensibilidad y atrae el amor.

PACHULÍ: relaja para la meditación, estabilizador de las energías, activa un ambiente sensual y atrae el dinero.

PINO: Fomenta las buenas vibraciones psíquicas y a los espíritus protectores. Purifica los ambientes cargados de negatividad. Refrescante y revitalizante; despeja la psiquis.

ROMERO: Atrae la salud y fortuna. Purifica la casa.

ROSA: Propicia el amor y la buena salud. Otorga paz, tranquilidad y armonía conyugal. Sirve para aprender a amarse uno mismo y para atraer la amistad.

ROSA ROJA: Genera una fuerte atracción entre dos personas (sobre todo si se quema en polvo).

SÁNDALO DULCE: Limpia el ambiente dejando, alejando las influencias negativas. Purifica el alma. Atrae dinero, suerte y fortuna.

TILO: Distiende el cuerpo y la mente otorgando paz interior. Aleja los miedos.

VIOLETA: Otorga paz interior. Brinda armonía al hogar. Suaviza los problemas que puedan surgir en un matrimonio, facilitando la comprensión en la pareja. Relaja, unifica y estabiliza anímicamente.

ESTORAQUE: suavizante y unificador atrae gente, relaja es sensual y activa lo sexual, armonizante emocional, sensual, unifica, para el amor.

ÁMBAR: revitalizante en lo anímico, anti estrés, estabiliza en general.

JAZMÍN: estimulante anímico, antidepresivo, unificador.

Como puedes ver, hay diferentes fragancias que apuntan a un mismo fin. Las esencias de canela, miel y romero, por ejemplo, tienen el poder de atraer la prosperidad. Escoge la que más te guste, o altérnalas, y utilízala en tu favor. Independientemente de si vas a realizar o no un ritual, quemar esencias contribuye a mantener el ambiente de tu casa sereno y tranquilo, aparte de oloroso.

INCIENSOS

Ya sea en su estado natural o en palitos, los inciensos tienen propiedades mágicas que nos ayudarán en nuestro desenvolvimiento diario. En los ritos de la iglesia católica se utiliza mucho el olíbano, y éste es mi preferido por sus propiedades y fuerte aroma. No dejes de tener un surtido en tu casa, quemados juntos en el incensario, estos elementos mantienen tus ambientes despejados de malas energías.

Las varitas, por ser un producto procesado, es posible que carguen con las energías de las personas que las manipularon, por esto te recomiendo que hagas lo siguiente antes de usarlas. Agárralas con la mano izquierda por la parte final, pasa la derecha lentamente alrededor de ellas invocando mentalmente a tus espíritus protectores y diciendo para ti: "Limpio este incienso de energías anteriores incompatibles a la mías, y lo armonizo para que su humo limpie y armonice el ambiente que me rodea". Al final de las gracias a tus maestros por guiarte.

Inciensos más comunes y sus propiedades mágicas:

MIRRA: Para atraer al dinero.

SÁNDALO: Para la buena fortuna en los negocios y los asuntos de dinero.

COPAL: Para purificar el ambiente y alejar a los espíritus dañinos.

ESTORAQUE: Para proteger contra las malas vibraciones, para el éxito en los negocios y en el trabajo.

SÁNDALO Y CLAVEL: Utilizar estas esencias como perfume personal para el bienestar en la casa y en el trabajo.

En todos los hechizos que te sugeriré más adelante, siempre añade unos granitos de olíbano (es el que usan en los rituales religiosos), sean cuales sean el resto de los ingredientes, aunque no lo repetiré en cada uno, es sobreentendido. Yo nunca dejo de utilizarlo.

ACEITES Y ESENCIAS PERSONALES

Los aceites y esencias personales son tratados de manera diferente a los que se queman. Son más puros, elaborados con productos adecuados para entrar en contacto con nuestra piel. Los venden en perfumerías o en tiendas de productos para aseo personal y cosméticos. Encontrarás listas las fragancias más exquisitas, pero puedes elaborarlos tú misma, si quieres. Su función es la misma que las anteriores. Por ejemplo, si vas a cerrar un contrato, perfúmate con canela, miel, sándalo dulce o jazmín. Si se trata de un encuentro amoroso, opio, rosa o flor de azahar.

SCALA VIDENZA

4

HIERBAS MÁGICAS

Todas las culturas y civilizaciones han conocido los poderes mágicos de las hierbas, y han aprovechado sus propiedades energéticas y curativas. Todas las medicinas actuales tienen como base hierbas. Antes se usaban al natural, en infusiones o machacadas, y hoy en día las usamos mezcladas con productos químicos, empaquetadas y comprándolas en farmacias como si fueran el invento más extraordinario...

Los chamanes conocen y explotan los poderes curativos y mágicos de casi todos los vegetales existentes, pero, unos son difíciles de conseguir y otros, la preparación es muy complicada. Por tanto me limitaré a indicarles las hierbas más conocidas y fáciles de conseguir, relacionadas con la magia y la superación personal. Al contrario de las flores, las cuales, al ponerse mustias pierden sus cualidades mágicas, las hierbas secas mantienen las mismas cualidades que al estar frescas.

Es obvio que casi todas las hierbas dadas a continuación tienen efectos terapéuticos, pero como esto es un libro de magia, me limitaré a poner en relieve sus poderes mágicos.

Generalmente se utilizan las hojas y los tallos pequeños. A parte alguna excepción, (la señalaré, si la hay) todas las hierbas dadas a continuación, secas, se pueden quemar sobre carbones, invocando su propiedad, esparciendo su humo por toda la casa. Algunas de ellas, como se indicará, se pueden preparar también en infusión, a veces para ingerirlas, otras para añadirlas al agua del baño. Pero siempre, todas las infusiones sugeridas de hierbas de protección, se pueden añadir a un tobo de agua y repasar con un coleto toda la casa, o ponerla en un aspersor y rociarla.

Algunas de las infusiones, se sugerirá añadirlas al agua del baño. De no tener bañera, es suficiente rociarse el cuerpo al terminar de ducharse, luego secarse sin enjuagar.

ALBAHACA: Es una de las plantas más benéficas que existen.

Buen protector del entorno negativo. Su aroma aporta claridad metal, actúa contra la angustia, y favorece el desarrollo psíquico y espiritual. Una maceta de Albahaca puesta en el hogar recoge las energías negativas. Atrae la riqueza. Mantener ramas secas en closet, gavetas, a contacto con la ropa. Se usa en rituales de amor y de protección, añadiéndola a los inciensos a quemar y llenando saquitos de tela con sus hojas. Sirve para reconciliar a los enamorados después de una pelea, su perfume atrae la atención y la pasión amorosa. La albahaca fresca o macerada en agua 3 días y luego rociada por los rincones, atrae la buena fortuna y la suerte en los negocios y en las casas.

ALOE O SÁBILA: Protección, suerte. Es imprescindible tener dos plantas de sábila en casa, pues absorbe las energías negativas y protege de las influencias malignas. Una la mantendrás al aire libre, y cada semana cambias, saca la que está adentro y sustitúyela por la otra.

ANGÉLICA: sus hojas secas y desmenuzadas se utilizan quemándolas sobre carbones para proteger el hogar y ahuyentar las malas energías. También se pueden poner algunas hojas en las cuatro esquinas del hogar. Proporciona templanza, capacidad para elevarse sobre los problemas presentes y esperar con serenidad los resultados.

ANÍS: sedante para insomnio y nerviosismo, digestivo. Los granos de anís se usan en los baños de purificación, con hojas de laurel. Preparar una infusión y añadirla al agua del baño.

ANIS ESTRELLADO: Protector del psiquismo. Quemado en incensario anula las malas influencias del entorno familiar. Una estrella guardada en la cartera ayuda a conservar el dinero en el monedero. Si la estrella se lleva como amuleto sobre el cuerpo en bolsa roja, protege de las envidias externas.

ARTEMISA: Un baño con hojas desmenuzadas proporciona vigor y energía, sobre todo luego de las sesiones mágicas. La artemisa (o ajenjo) se quema en forma de incienso para aumentar los poderes psíquicos. Favorece la visión clara y permite la conexión con los seres superiores. Rechaza todo lo negativo de un hogar y es la planta de los viajeros, ya que llevándola se aseguran viajes seguros y felices. Atrae el amor y aumenta los poderes de seducción. Mejora las relaciones y el amor entre la pareja. Resuelve problemas en el hogar. Favorece la visión clara. Muy bueno como incienso de limpieza del hogar. Elimina las larvas astrales.

AZAHAR: Las hojas de naranjo se usan para preparar té relajante, excelente para tomar antes de realizar rituales. Dejar hervir algunas hojas frescas por tres minutos en agua. Después de secarlas, son excelente para quemarlas desmenuzadas sobre carbones, relajan el ambiente, neutralizan energías fuertes, favorecen las conversaciones donde es necesario mantener calma y tranquilidad.

BAMBÚ: Protección, suerte, deshacer hechizos, deseos. Graba tu deseo en un trozo de Bambú y entiérralo en un lugar apartado. También se coloca en la puerta para atraer buena suerte. El bambú se utiliza para romper embrujos, bien llevándolo en una bolsita o triturándolo hasta hacerlo polvo y quemándolo después.

BARDANA: Para rituales de purificación y alejar la negatividad. 100 gr. De raíz en un litro de agua, utilizar en baño, reservar una parte para mojarse el rostro durante tres días. Se usa como limpiadora y purificadora. Rociando los ambientes con un aspersor, ahuyenta la negatividad que nos rodea, en un hogar, una oficina o un negocio. Aumenta la percepción y facilita la comunicación con entidades superiores.

CANELA: es un poderoso imán para la prosperidad. Preparar una infusión y añadirla al agua del baño atrae el dinero y aumenta el atractivo. Usarla también para limpiar los ambientes con coleto, y refrescar el aire con un aspersor. Siempre, añadir un trocito de palo o un poco de canela en polvo cuando se quema incienso, pues origina elevadas vibraciones espirituales, favorece la curación, estimula los poderes psíquicos y produce vibraciones protectoras. Profundiza la espiritualidad, el éxito en todos los ámbitos, aumenta el poder personal, los poderes psíquicos y el deseo sexual.

CARDO MARIANO: Entre las hierbas mágicas, es una de la más utilizada como amuleto de la buena suerte. Seco, puedes desmenuzarlo dentro de una bolsita y llevarlo en la cartera, o utilizarlo en la decoración de la casa, en floreros y arreglos. Es muy buena para atraer y transmutar las malas energías.

COCO: El coco es un limpiador por excelencia. Venden sales y jabones preparados, muy prácticos y cómodos de usar. Al natural, se puede utilizar el agua de su interior para baños, o la pulpa tierna machacada.

ENULA: Anula energías violentas y coléricas. Mantener un saquito de hierba seca escondido en las habitaciones donde se quieran neutralizar tales energías.

ESPINO: (o espliego): Éxito en asuntos laborales. La punta de una cucharita (1gr) de flores y hojas machacadas en 100 cc agua. Se toma durante las sesiones mágicas para reforzarlas.

EUCALIPTO: Libera de las malas influencias, ayuda a alcanzar mayor dominio sobre uno mismo. Así como la sábila, jamás debe de faltar en el hogar una rama de eucalipto, pues absorbe las malas energías y las transmuta. Recién recogido o seco, las ramas de ésta planta milagrosa tienen el mismo efecto.

HAMAMELIS: Aporta atractivo, un encanto irresistible. Añadir un puñado de hojas al agua del baño. O dejar macerar en un poco de agua y enjuagarse después de la ducha.

LAUREL: Abre las puertas al éxito económico y a la fama. Durante las sesiones de magia, mantener una rama a contacto con el cuerpo. Tener siempre hojas en el lugar de trabajo, habitaciones, carteras etc. Nunca debe faltar una hoja de romero entre las páginas de nuestra agenda de trabajo.

LIMÓN: El jugo de Limón se mezcla con agua para limpiar y eliminar vibraciones negativas de amuletos, joyas y otros objetos mágicos usados por otra persona que no seas tú, y las hojas se emplean para infusiones que aumentan el deseo sexual. Las conchas de limón disecadas, se queman para neutralizar energías negativas.

MANZANILLA: relaja el cuerpo y abre la mente para los rituales mágicos, propiciando paz. Tomar una infusión antes de comenzar.

MEJORANA: Ayuda a superar las preocupaciones excesivas, las angustias y las tendencias hipocondríacas. Excelente usada en infusiones o en baños.

MENTA O HIERBABUENA: Aplaca las energías fuertes y violentas. Esta hierba atrae a los espíritus positivos, que nos ayudarán a realizar nuestros rituales. Además tiene propiedades protectoras y eleva las vibraciones, por tanto, una rama de menta a nuestro lado a la hora de elaborar hechizos, o unas hojas quemándose, serán de mucha ayuda. La hierbabuena despierta el deseo sexual y por ello se ha considerado siempre una hierba afrodisíaca. Para este fin tomar infusiones y bañarse con agua a la que le hemos añadido el té; su aroma delicioso activa la libido y propicia encuentros sexuales satisfactorios.

OREGANO: Ayuda a aceptar cambios profundos, cierre de ciclos en todos los sentidos. Quemar sobre carboncito cuando haya una muerte física o figurativa (un divorcio, separación, etc.) Se puede tomar en infusiones o aplicarlos en baños.

PEREJIL: ayuda a restaurar el bienestar físico, la fuerza y la vitalidad. También para neutralizar mala energías y proteger el ambiente. Atrae la buena suerte en los negocios y el dinero. Limpiar la casa pasando un paño humedecido con te de perejil.

ROMERO: Purificador, al quemarlo, abre los sentidos a la felicidad y la alegría, aporta satisfacción y amor. Atrae la salud y fortuna. Su humo aleja también los espíritus negativos. Es protector y purificador de ambientes, ahuyenta el mal y las energías negativas. Llevar una hoja seca encima aporta suerte, fortuna y clarividencia para resolver los problemas.

RUDA: Mantener siempre un manojito, seco, disimulado en el umbral de la puerta de entrada. Protege a las personas y a los lugares de las influencias negativas, del mal de ojo y las brujerías y maleficios, de los ataques de los enemigos y de la envidia y sus nocivos efectos. Atada con una cinta roja y colocada encima de la puerta de entrada evitará que entren energías negativas. Abre al instante la conciencia a los propios errores, haciéndote descubrir en qué te has equivocado. Se puede preparar en infusión, para bañarse con ella, y también para pasarla el suelo de toda la casa con un paño, para crear una barrera protectora.

SALVIA: Proporciona salud, sensación de fuerza y bienestar. Sirve para superar dificultades y solucionar problemas; además potencia las cualidades de las otras hierbas empleadas en rituales. Se utiliza para atraer la suerte, la fortuna y el dinero, y su humo, quemándola como incienso, elimina la energía negativa de espacios y personas. Se usa también en rituales de curación y aleja enfermedades y accidentes.

TOMILLO: Infunde valor y fortaleza, quemarla e ingerir tisana antes situaciones difíciles sus hojas se queman para la purificación de espacios antes de realizar un trabajo mágico y se cree que atrae la buena salud. Se puede añadir al agua de baño con el mismo fin de limpieza y purificación, otorga valor y fuerza de voluntad y es una buena defensa contra la negatividad.

VALERIANA: Para rituales mágicos de reconciliación y sueños.

VERBENA: Se utiliza como planta mágica para abrirse a un nuevo amor, un nuevo comienzo. Un cuarto de cucharadita en 100 cc de agua.

PARA TOMAS Y BAÑOS

Para purificar el entorno: algunas hierbas, en infusión, son óptimas para rociar los ambientes y despejarlos de energías pesadas. Romero, albahaca, perejil, laurel, ruda, orégano, menta y eucalipto son muy apropiadas para este fin. Prepara una infusión con cualquiera de ellas, o de varias, según la composición de olores (a veces varias hierbas juntas no producen un efecto olfativo agradable), y mantén siempre un rociador lleno. Espárcela a diario en tu casa, oficina, auto etc.

5

RITUALES PARA LA HECHICERA DEL NUEVO MILENIO

A continuación, añado las que, según la astrología, son las flores compatibles con cada signo:

Aries: Tulipanes.

Tauro: Lirios.

Géminis: Rosas.

Cáncer: Lirio de agua.

Leo: Girasol.

Virgo: Jazmín.

Libra: Hortensias.

Escorpión: Claveles rojos.

Sagitario: Gladiolos.

Capricornio: Violeta.

Acuario: Dalias.

Piscis: Glicinas.

Como dije antes, esta lista se rige por las vibraciones de cada signo y cada flor, pero no significa que sea absoluta. Es posible que tus vibraciones personales te orienten hacia otra flor que no sea la asignada. ¡Perfecto! Déjate guiar por tu instinto.

Vemos ahora la magia particular de algunas flores:

ACIANO: (campánulas silvestres de color azul). No las encontrarás en floristerías, pero sí en cercas campestres y campiñas. Proporciona mágicamente fertilidad, abundancia material y amorosa, interior y exterior. No por nada cubría las fachadas de las casas de nuestros abuelos...

Por lo general, se asocia la fertilidad con la capacidad de tener descendencia, pero es un término amplio que se aplica a todos los aspectos generadores de nuestra vida. Al comprender esta verdad, asociándola a la percepción de abundancia, plenitud y riqueza, no solo de embarazo, despertaremos las fuerzas propiciadoras. Así como una tierra fértil produce frutos en abundancia, nosotros, si nos lo proponemos, propiciamos abundancia y prosperidad suficientes para cubrir todas nuestras necesidades.

El ser humano, al tener carencias, por lo general se cree víctima de las circunstancias, y no se da cuenta de que toda prosperidad (en cualquier ámbito: emocional, material etc.) depende de sí mismo y no de otra persona. Tú puedes tener un socio, alguien que comparte contigo una determinada tarea, aplíquese éste término en los negocios, en la vida en común, en la pareja... Socio, no persona responsable de tu bienestar por siempre jamás. El responsable de ti mismo eres tú y solo tú. Y en algunos casos, tomar conciencia de esta verdad activa capacidades insospechadas. A veces, después de un divorcio o del fallecimiento de la persona productora, si no tienes una determinada profesión, se despierta la inventiva: te descubres capaz de hacer tortas y venderlas, o elaborar bisutería, o tejer echarpes por encargo, o cuidar niños ajenos... ¡El ser humano es fértil y productivo! No existe un campo donde no puedas intentar desenvolverte, si quieres. Si estás pasando por uno de estos periodos, sólo debes tomar conciencia de tus propias capacidades adormiladas, y un buen ritual te ayudará a reconocerlas.

Este ritual es para activar la fertilidad y honrar a la Madre Tierra. Se debería realizar en grupo, como antaño lo realizaban nuestras antepasadas. Un buen momento para llevarlo a cabo podría ser durante unas vacaciones en el campo, de día, bajo el sol generador, sentadas sobre tierra e hierba fresca. Sería lo ideal, pero no es el único escenario, ya sabes. Y si no tienen con quién compartirlo, pues lo llevarás a cabo tu sola.

Necesitas:

Un ramo de aciano en un florero.

Una maceta con tierra.

Un puñado de semillas (de tomate, o pimiento, caraotas o lentejas, entre otros.)

Agua bendita.

Vela dorada o amarilla.

Laurel y espinos secos, canela en polvo.

RITUALES PARA LA HECHICERA DEL NUEVO MILENIO

Ponte una prenda marrón, el color de la tierra fértil, y si es posible, combínala con algo amarillo (el sol) y algo blanco (agua). Sobre el carbón encendido, pon a quemar las hierbas. Si estás en casa, trata de situarte cerca de una ventana o balcón, para que te bañe el sol. Sentada en el suelo, dobla las rodillas y pon a tocarte las plantas de tus pies, para formar un círculo cerrado de energía. Respira profundo, relájate. Hunde las manos en la tierra, toma contacto con su frescura, siente la fuerza generadora, identifícate con ella. Abre un hueco y siembra las semillas, mientras recitas:

"Yo soy tierra fértil y generadora. Todo el poder está en mí, con estas palabras y esta siembra lo activo y pongo las fuerzas de la naturaleza a trabajar en mi favor, para yo poder crear, producir y engendrar. Y luego multiplicar todo lo que he creado, producido y engendrado. Gracias Madre Naturaleza, Maestros de luz y ángeles guardianes por escuchar y cumplir mi deseo"

Si estás en grupo, tómense de las manos todas, sino sigue con los dedos hundidos en la tierra. Si quieres un embarazo, visualiza espermatozoides corriendo hacia el óvulo, luego al bebé naciendo, caminando, sonriendo feliz de la mano tuya y de tu pareja. Si quieres generar económicamente, visualiza plantas creciendo y dando frutos, gente cosechando y acarreando cestas, envasando y repartiendo. Si buscas fertilidad emocional, piensa en familiares y amigos compartiendo, en abrazos y amor. Mantén una actitud de alegría y emoción, mientras cubres con la tierra tus semillas y las riegas con el agua bendita. Si estás en la campiña, la naturaleza se encargará de nutrir tus plantas, si estás en la ciudad, cuida tu siembra con amor y paciencia, riégala regularmente y espera sus frutos. En este segundo caso, probablemente la planta se morirá poco después de haber despuntado. Es normal, no te preocupes.

CLAVEL: es la flor de la juventud, se asocia con niños y jóvenes.

En magia, se emplea para rituales relacionados con temas de estudios e intelectuales, también para lograr flexibilidad de ánimo.

¿Qué se entiende por flexibilidad de ánimo? La mayoría de los adultos no atienden la voz de su niño interno, y se encierran en una imagen adusta y severa, negándose el gozo. La mayor parte del tiempo, su aspecto es rígido, su frente, arrugada. La verdad es que nadie nace esquivo y retraído. Hay niños que son más serios y reflexivos que otros, pero ninguno de ellos se cierra al juego y al esparcimiento. Es la educación, las exigencias y el ejemplo del entorno, y por supuesto la represión, voluntaria o involuntaria, que nos aplican la que nos hace perder el contacto con nuestra niñez y la alegría de vivir. Pero el niño interno nunca muere. Es él el que mira con nostalgia el columpio, el que busca caricias y consuelo, el que tiembla antes de un examen académico o una entrevista de trabajo. Y es su resentimiento el que hace que te fastidies porque el niño de al lado alborota con sus juegos, porque la vecina canta a todas horas o a etiquetar a la otra porque ya ha tenido cuatro novios y no se ha quedado con ninguno. Tu nunca pudiste jugar todo lo que hubieses querido, cantar es sinónimo de alegría y ya perdiste la tuya, y tener el coraje de romper una relación que no es completamente satisfactoria, es sinónimo de libertad para elegir, y tú nunca la tuviste.

La pérdida de la niñez sin haberla disfrutado lleva a la rigidez, a las exigencias exageradas y a los juicios inflexibles.

Vamos a rescatar a nuestro niño interno con este hermoso ritual. Ten presente que estás iniciando una terapia de rescate de la persona más importante del mundo: Tú. Debes ser constante y cumplidora, debes trabajar con este niño todos los días, si es necesario. ¡No le falles, como te fallaron a ti!

Necesitas:

Claveles en un florero, rosados o blancos.

Esencia de ámbar o de lila en el quemador.

Una infusión de tomillo.

Una vela rosada.

Un cojín pequeño.

RITUALES PARA LA HECHICERA DEL NUEVO MILENIO

Combinar los cuatro elementos: realizarás el ritual al atardecer al aire libre, o en un lugar donde circule el aire (indispensable para buscar libertad), con carbones encendidos, (para transmutar energías) con un cuenco de agua (para purificar pensamientos) a tu lado y con tierra al otro (para enraizarte en otro contexto).

Si puedes, antes del ritual toma un baño utilizando parte de la infusión, la otra la reservas para ingerirla. Pon una música relajante, prende los carbones y la vela, siéntate cómodamente, si estás en casa, en el suelo sobre un cojín con la espalda apoyada en la pared o en un mueble, si quieres estar más cómoda. Cierra los ojos, respira varias veces y relájate. Luego busca en tu mente una imagen de cuando eras niña, un recuerdo de tristeza. No importa la edad, deja que el recuerdo llegue y llene tu mente. Entonces, desde la perspectiva actual de adulta, acércate a esta niña triste, agáchate para estar a su altura y abrázala. Aprieta el cojín pequeño a tu pecho, como si fuera ella, abrázala fuerte y consuélala, dile todo lo que te hubiese gustado que alguien te dijera en aquella circunstancia. Háblale con amor, dile que la comprendes, que la amas, que la están tratando con injusticia, pero que ahora tú estás ahí para cuidarla y consolarla, nunca más va a estar sola. Escucha lo que te quiera decir, seca su llanto, mímala hasta que la ves sonreír, sígale diciendo cosas hermosas y dulces que salen desde tu corazón. No la dejes hasta que la sientes reconfortada, tranquila. Entonces despídete, pero prométele que volverás y antes de que te vayas, pregúntale que es lo que más desea en este momento. Si te pide un deseo emocional, por ejemplo, una visita a una persona que ya falleció, explícale por qué no puedes cumplir su deseo, y consuélala, ella comprenderá. Pero, puede que te pida una muñeca, un paseo a la playa, un helado... Entonces te comprarás una muñeca, o te escaparás a la playa, o comerás un enorme y sabroso helado. Todos los días te tomarás unos minutos para realizar el ritual, dale amor a esta niña, mímala, escúchala, y si te pide una vuelta por la feria, vaya, ¡y móntate sin pena en los carros chocones! No tenga vergüenza, solo pregúntate ¿a quién le estoy haciendo daño? Y si la respuesta es: a nadie, entonces ¡vive! Recuerda que es tu vida, ámate, ya estás adulta para que te siga importando el qué dirán. Y en cuanto comiences a ver el cambio que se opera en ti, menos aún te importará...

CRISANTEMO BLANCO: representa la verdad, estimulando alegría a pesar de las adversidades.

Cuando queremos descubrir la verdad en una situación complicada, un ramo de estas flores a nuestro lado mientras realizamos el ritual, abrirá los sentidos, facilitando nuestro discernimiento.

Ejemplo: Muchas veces, frente a una situación angustiosa, preferimos cerrar los ojos para no enfrentarnos a una verdad que puede lastimarnos, minando nuestra autoestima. Es posible que observemos el comportamiento extraño de una persona allegada, la pareja, un hijo... Sospechamos que nos está mintiendo, pero el dolor de un posible descubrimiento doloroso nos deja paralizados, y preferimos ignorar a seguir investigando. Creo que engañarnos a nosotros mismos no nos favorece en nada. Es mejor conocer la verdad y obrar a consecuencia, que cerrar los ojos y fingir que no pasa nada, dejando que la duda y el dolor nos enfermen... y que además, posiblemente empeoren la situación en sí misma. Si finalmente confirmas que tu pareja está saliendo con otra persona, tienes la oportunidad de alejarte antes de que te lastimen más, o si quieres, aceptar la situación y seguir adelante. Nadie puede condenarte si prefieres compartirlo a dejarlo. Eso sí, si tomas esta decisión, no caben ahí las discusiones constantes, ni los chantajes ni el eterno sufrimiento que ciertas mujeres arrastran en plan de víctima. Lo aceptaste y punto, ahora obra en consecuencia.

Si un familiar o un amigo íntimo tomaron mal camino, tienes la oportunidad de darle tu apoyo con comprensión y amor, nunca desde la prepotencia.

RITUAL PARA DESCUBRIR VERDADES

Necesitas:

3 velas blancas (el tamaño que tú quieras).

Una foto o una prenda de la persona que, supones, te está mintiendo.

Orégano.

Hojas frescas de menta (hierbabuena).

Agua bendita.

Una bandeja, o un plato plano.

Tres pequeños cuencos (pueden ser tacitas de café).

Prepara el ambiente a tu gusto. En horas del día, dispón las tres velas en triángulo en la bandeja, dentro de cada cuenco relleno a mitas con agua bendita. Al posicionar la primera, la identificarás con la verdad, la segunda con la justicia y la tercera con el amor. En el centro del triángulo pon una capa de orégano y otra de menta. Pon la foto o la prenda encima de éstas, y salpica toco con unas gotas de agua bendita. Ya que prenderás las velas, calcula la amplitud del triángulo dependiendo de lo que le irás a poner en el centro. En caso de ser una prenda de ropa, necesitarás más espacio que por la foto, para evitar accidentes con el fuego.

Mientras prendes las velas, recitarás para cada una, ya sea mentalmente o en voz alta:

"Tú eres la verdad que se me revelará para la tranquilidad de mi espíritu. Seas bienvenida, te aceptaré porque te estoy buscando.

Tú eres la justicia, hazte presente en esta situación, porque la verdad está de mi parte y merezco tu apoyo.

Tú eres el amor, y ya que la verdad y la justicia me acompañan, envuélveme con tu maravillosa presencia divina y quédate siempre a mi lado.

Gracias Espíritus de luz por acompañarme siempre y guiar mis pasos."

Deja consumir las velas hasta que lleguen al agua y se apaguen. Si puedes, deja la preparación como está durante 24 horas, sino en cuanto se haya apagado la llama, desecha los desperdicios y lava los enseres.

Lo queda ahora es esperar los resultados y aceptarlos con la misma firmeza con la cual los pedimos.

GIRASOL: extrae su energía del sol, su magia es de fuerza, coraje y acción. Transmite alegría, recordándonos el verano, sol, playas y arena.

Quemar pétalos en momentos de depresión, para aumentar las energías vitales y las ganas de seguir luchando.

Utilizar cuando tenemos una imagen distorsionada de nosotros mismos y nuestras capacidades, creyéndonos débiles e incapaces de enfrentar los desafíos de la vida.

Es frecuente que nos digan: no puedes, es muy difícil, ¿Cómo vas a poder? No te hagas muchas ilusiones, otros lo han intentado... y así sucesivamente, hasta que perdimos la fe en nosotros mismos y abandonamos el proyecto. ¡La verdad es que somos seres fuertes y productivos! Todo ser humano, si se lo propone, puede afrontar cualquier desafío, a pesar de que, tal vez, te hayan hecho creer lo contrario. Si eres una persona adulta, puede que no te interese aprender a lanzarte en paracaídas, o a hacer tortas, o a hablar cantonés, pero si quisieras ¿quién te impide intentarlo? Pueden reírse de tu sueño, pero nadie puede prohibírtelo... aparte las inseguridades que se esconden en tu mente. Quisieras, pero más puede el miedo. De que no te atrevas a saltar, o que la torta no suba o que fracases en el examen. Y en este caso ¿qué dirán los demás? Piensas que quién trató de disuadirte, al final puede que tenga razón... Así que termina siendo más importante el juicio ajeno que tu anhelo. Y entonces terminas con el alma llena de deseos insatisfechos, de añoranzas y, tarde o temprano, también de arrepentimientos. Con el paso de los años, tu visión cambiará, te lo aseguro. Entonces comprenderás que dejaste de vivir cosas importantes por no creer en ti misma. Esto pasa con frecuencia cuando se vive una relación destructiva, de alguna forma nos hicieron creer que no podemos seguir solas, sobre todo si hay niños. Y la verdad es que sí puedes, lo único que necesitas es creer en ti misma y amarte lo suficiente como para intentarlo. No te dejes maltratar más ¡de nadie! Tú eres un ser humano único y maravilloso, no lo olvides nunca.

¡Ámate, lucha por tus sueños! ¡Nunca, nunca es tarde para cumplirlos, no importa la edad que tengas!

RITUAL PARA DESPERTAR EL AMOR PROPIO

Un ramo de girasoles en un florero.

Pétalos secos de la misma flor.

Esencia de cedro o de tilo en el quemador.

Esencia de verbena para baño.

Hojas de tilo.

Jengibre en polvo.

Cuaderno.

Bolígrafo.

Una vela violeta.

Realiza este ritual temprano en la mañana, si es posible a la salida del sol ¡una hora maravillosa para nuevos comienzos! Prende la vela, pon a quemar una de las esencias, o las hierbas sobre carbones encendidos, según tu inspiración del momento, añadiendo los pétalos secos desmenuzados. Siéntate cómodamente, respira profundo y, con los ojos cerrados, céntrate en cada uno de tus sentidos. Agradece que tienes buena vista, oído etc. Estas tomando contacto con este cuerpo maravilloso que tienes. Finalmente abre los ojos, toma la hoja de papel y dóblala en dos por el largo. De encabezamiento en uno de los lados pon:

MIS CUALIDADES: Y comienza a escribirlas una por una. Tienes cuatro medias-hojas para describirte:

Yo soy generosa.

Yo soy alegre.

Tengo una hermosa sonrisa...

Verás que es uno de los rituales más difíciles de llevar a cabo. No es fácil reconocernos tal y como somos en realidad. Pero debes observarte como lo harías con una persona que acabas de conocer.

Tardarás un tiempo en llenar las cuatro caras, pero no importa. Pueden ser días o semanas, pero todos los días debes añadir siquiera dos cualidades más a tu lista. Y todas las mañanas leerás la lista frente a un espejo, sonriendo, recalcando cada una de ella.

¡Eres hermosa y genial, no lo olvides nunca!

JAZMÍN: es la flor de la feminidad, mágica para el amor físico, pues emite vibraciones de sensualidad, despertando los sentidos y la atracción entre la pareja.

¿Qué nos ayuda a trabajar? Dificultad para abrirse a los placeres de los sentidos, disgustos con la propia apariencia física.

Hasta hace poco, hablar de sexo era tabú. Las cosas han mejorado, pero no tanto como cabe imaginar. Hay una cantidad de información que encontramos por todos lados: revistas, páginas de internet etc. Parece discordante, pero es precisamente la abundancia de información lo que a veces confunde, por lo contradictoria y rebuscada que llega a ser. Al ser mujer, nos bombardean sobre las medidas ideales, que a veces corresponden a una cuasi-anoréxica, otras a curvas generosas. Nos dicen lo que le gusta a un hombre, la forma de excitarlo, el arte del coqueteo, la mejor ropa interior, el tamaño de la vulva perfecta, la depilación cuando y donde, las mejores posiciones del Kama Sutra, que si no te las sabes todas, es culpa tuya que él se haya buscado una amante, el tamaño perfectos de los senos y una infinidad de cosas más, tan ajenas como la luna a la naturalidad del cuerpo femenino de las mayoría de nosotras. Andamos por la vida pensando que, a cualquier edad y por el simple hecho de ser mujeres, debemos parecernos a modelos de pasarela, y además, expertas en artes amatorias. Los hombres, por otro lado, leen sobre tamaños de penes descomunales y capacidad de resistencia como para tener catorce orgasmos en una sola noche. Según los expertos, el hombre perfecto debe ser un cruce entre Superman, James Bond y Casanova. Todo esto nos lleva, a mujeres y hombres, a crearnos una cantidad de complejos sin fundamento. ¿Cómo creer entonces en nuestra belleza y sensualidad naturales? ¡Es necesario reconocernos como seres únicos y maravillosos y reconectarnos con nuestra naturaleza divina!

Jazmín, color rojo o rosado según el caso, miel, azúcar, canela e hierbas apropiadas, potenciarán nuestro atractivo.

El que sigue, es un medio potente para despertar tu seducción. Como la fórmula sirve también como exfoliante, deja pasar un par de semanas antes de repetirla. Antes de salir para una reunión importante, o preparándote para una noche de amor, lista para ducharte, pon un poco de miel en la palma de tu mano, añádele azúcar y forma una pasta. Frota con ella suavemente todo el cuerpo húmedo hasta que sientes derretir el azúcar, entonces enjuágate abundantemente. Tu piel quedará sensualmente suave. Ahora añades unas gotas de perfume o esencia de jazmín, y sentirás como despierta tu atractivo.

Esta limpieza es aconsejable realizarla cuando planificas una noche de pasión. Tu compañero sentirá la sedosidad irresistible de tu piel.

RITUAL PARA UNA NOCHE DE PASIÓN MÁGICA:

Una vela roja.

Un plato o un cuenco pequeño.

Una cucharada de miel.

Una cucharada de azúcar.

Un papel con tu nombre y el de tu pareja escritos uno encima del otro.

Flores de jazmín diseminadas entre las sábanas, las almohadas y las cobijas de tu cama. Esencia de jazmín en el quemador, o hierbabuena y hojas de limoneros secas sobre carbones.

Pon el papel doblado en el cuenco y derrámale el azúcar y la miel. Encima clávale la vela roja, enciéndala y posiciónate en el centro de tu habitación. Respira profunda y lentamente varias veces, levanta el cuenco frente a ti, a la altura de tu corazón y con la visión de tu pareja en la mente mira hacia el norte y repite:

"Tú eres amor y caudal de fantasía, y yo fluyo contigo"

Hacia el este:

"Yo soy tentación y te arrastro conmigo"

Sur:

"Tú eres pasión y me integras en ti"

Oeste:

"Yo soy embrujo eterno y te completo como ser"

Y mientras en tu dormitorio se refuerza el ritual, prepárate con un relajante baño con infusión de jazmín o de flores de azahar. Deja que la vela se consuma, como única fuente de luz, los envolverá con su resplandor cálido.

LAVANDA: activa los sentimientos de honestidad y sinceridad, produciendo frescura y limpieza. Calma el espíritu y aumenta el optimismo. Si se quema todos los días, evita discusiones matrimoniales y familiares. Flores en el agua del baño, purifican y tonifican la piel. Un masaje con aceite de lavanda relaja el cuerpo y calma el espíritu.

Ritual para aclarar las culpas, proporcionando claridad sobre una situación que nos hace sentir incómodos. Pero éstas ¿son culpas verdaderas o provocadas por la educación recibida y el egoísmo de las personas que nos rodean?

En nuestra vida cotidiana, no nos damos cuenta de la manipulación que ejercemos sobre los demás y ellos sobre nosotros. Nos jactamos de la libertad que les damos a nuestros hijos, sin tener conciencia del control que desplegamos a veces, constantemente.

Es indudable que el entorno donde crecimos crea unos paradigmas que se arraigan fuertemente en nuestro subconsciente. Si queremos analizarlos a fondo, estas creencias no son nuestras, son inculcadas nomás. Por ejemplo, si desde pequeña escuchabas denigrar a los homosexuales y hoy día tienes un compañero de trabajo con estas tendencias, te puedes sentir en culpa por compartir con él. Consideras que él es una excelente persona, pero la culpa está ahí, debido a las enseñanzas. A una amiga, le decían en casa que el rojo era color de prostituta, nunca le dejaron vestirlo. Hasta la fecha, siendo ya madura, si sigue su deseo y se pone una prenda de este color, no puede dejar de sentirse incomoda. En el matrimonio, fácilmente la pareja puede manipular, revertiendo las cosas y descargando su responsabilidad para que el otro se sienta mal y no lo presione. El hombre puede manipular por la parte económica, que si gastas muchos, que si no tienes mesura etc. Y muchas no ven la trampa y terminan sintiéndose en culpa por atosigar al pobre tipo. Y muchas mujeres se apoyan en los labores domésticos, la casa, los hijos, la cocina, el cansancio eterno, el "tu vienes de estar sentado todo el día en una oficina" para hacer sentir culpable al hombre... Son pocas las relaciones que se basan en la comprensión y el respeto. Por lo general, aunque no nos damos cuenta, para sentirnos bien necesitamos que alguien se sienta mal.

Vamos a realizar un ritual para esclarecer nuestros pensamientos respecto a una situación que nos incomoda.

Necesitas:

Infusión de manzanilla suficiente para tomarla y bañarte.

Flores de lavanda, o en su defecto, esencia.

Papel blanco de forma cuadrada (recorta una hoja tamaño carta dejando los cuatro lados iguales)

3 Velas blancas y/o doradas (el tamaño que desees)

Miel.

Azúcar.

Un plato blanco.

Copia la siguiente oración y tenla a la mano:

> "Espíritu de la justicia universal
> Inúndame con tus bondades infinitas,
> Desvélame verdades según la ley divina
> Haz que siempre actúe según tus mandados
> Que de mis labios salgan solo palabras dignas
> Que reflejen la imagen de tu naturaleza profunda y perfecta
> Que la verdad escondida en mi corazón
> Aflore y deslumbre a quién me escuche
> Haz que se expresen tus más elevadas virtudes

Y pueda yo encontrar el camino a la verdad.

Gracias por escucharme"

Báñate, y al final enjuágate con el agua de manzanilla. Vístete con alguna prenda blanca. Pon a quemar la esencia, y pon una música suave. Siéntate cómoda y toma el resto de la infusión, que te ayudará a relajarte. Respira profundamente tres veces. Ahora, toma la pluma y copia la oración en el papel, centrando tu mente en la situación que quieres aclarar. Al final, dobla el papel en triángulo, varias veces. Ponlo en el centro del plato, riégalo con la miel y el azúcar y planta las tres velas a su alrededor formando un triángulo. Enciéndelas, y recita con mucha fe nuevamente la oración.

La respuesta llegará pronto, ya sea que surge desde tu ser, o alguien, sin darse cuenta, te dará la clave.

LIRIO: Blanco, simboliza la espiritualidad, su cercanía permite elevarse por encima de las ataduras físicas. Estimula la aparición de sentimientos nobles y puros, permitiendo ver la vida en toda su belleza y pureza.

Ritual para abrir el corazón a nuevos valores y significados vitales, para la comprensión de verdades superiores.

Utilizarlo para entender que adicionalmente de cuerpo y mente tenemos un espíritu. Y es que debido a las prisas en la que vivimos hoy en día, estamos muy conectados con lo terrenal, lo concreto, y nos olvidamos de lo espiritual. Espiritual no significa necesariamente iglesia, sino todo lo relacionado a nuestra evolución. Meditar, conectar con nuestros ser interno, es tan espiritual como asistir a una misa. Sin embargo, lo importante es conectar con el verdadero sentido de la palabra espiritualidad, lo que se puede traducir en compasión, comprensión por las flaquezas de los demás, paciencia para sobrellevar lo que a veces no entendimos del comportamiento ajeno, es decir; ponernos con frecuencia en el lugar del otro. No quiero decir ¡ni mucho menos! Que tenemos que aguantar las groserías de todo el mundo, pero lo cierto es que a veces nos sulfuramos por cosas que podríamos obviar. Transigir, perdonar, es comprender las verdaderas enseñanzas del Maestro Jesús, y nos eleva a alturas insospechadas. Vinimos a este mundo para aprender, y todo aprendizaje es efectivo sólo por medio del amor. El siguiente, es un hermoso ritual para perdonar. La primera vez que lo realizar, fácilmente sentirás que el resentimiento no se acabó por completo. Esto es normal, realiza este ritual tanta veces como sea necesario, hasta que sientes el alivio que significa dejar de pensar en alguien con odio.

Necesitas:

Unos lirios blancos en un florero.

Una vela azul o violeta.

Esencia de almizcle o de pino.

Orégano y menta secos.

Un papel blanco y bolígrafo

Fósforos.

Vístete de color plata o violeta. También puedes utilizar azul, si quieres. Quema sobre carbones las hierbas secas, pon las esencias en el quemador y prende la vela. Escribe en el papel el nombre de una persona que te hizo daño, que te hizo sufrir. Duele acordarte de ella, pero haz un esfuerzo. Luego dobla el papel y ponlo debajo de la vela encendida.

Siéntate cómoda, respira lenta y profundamente varias veces, relaja los hombros. Ahora imagínate que de tu corazón sale una luz rosada muy brillante y se condensa frente a ti hasta formar un globo. Entra en este globo vibrante, luego alarga tu mano y toma la de la persona cuyo nombre escribiste. Ahora que está frente a ti, con calma, dile todo lo que quieras decirle. Háblale del daño que te hizo, de tu sufrimiento, de tu dolor, del perjuicio que te causó. Hazlo sin molestia, sin insultos, con calma y lentamente. Saca todo lo que tienes acumulado y siempre quisiste decirle, descarga tu pena. Finalmente, cuando ya no queda más nada reservado, dile que la perdonas. No importa si no lo sientes con sinceridad, perdónala, y perdónate a ti misma por haber torturado tu espíritu con este resentimiento que no te ha dejado descansar. Deja salir a esta persona y sal tú también de la burbuja. Cuando crees oportuno, abre los ojos. Ahora toma el papel donde escribiste el nombre, ponlo en el incensario y quémalo.

Cada vez que el recuerdo regresa con virulencia, recuerda que decidiste sacarte esta carga de encima, repite tu frase de perdón. Y repites este ritual las veces que sea necesario, hasta que sientes de verdad que nadie está atormentando tu mente.

MARGARITA: es la flor de lo cotidiano, de la sencillez.

Al estar sobrecargados de trabajo, un ritual con margaritas nos reconectará con las pequeñas cosas de la vida, por las que vale la pena vivir.

Por ejemplo: Cuando la mucha presión laboral, disminuye nuestra autoestima, y nos desconecta de los pequeños placeres cotidianos, la cercanía de la familia, el placer de un paseo al campo, el disfrute de una comida en familia etc. Muy pocas personas pueden presumir de tener jefes amables y comprensivos. Por lo general, arrastramos hasta nuestro hogar la tensión de un estresante día de trabajo, y al llegar, la preparación de la comida, el llanto de un niño o los juguetes esparcidos por el suelo nos crispan los nervios. A pesar del cansancio, el poner en la mesa alimentos para nuestra familia debería provocarnos alegría, y comprender que el bebé tal vez llore porque le hicimos mucha falta, entonces cargarlo un ratito y mimarlo para que entienda que seguimos amándolo. Y los juguetes sueltos ¿qué demuestran sino la energía y la creatividad de unos niños que están creciendo y viven constreñidos en un apartamento? Es difícil soltar la frustración que sentimos al haber sido maltratados injustamente. Lo malo es que, sin darnos cuenta, sin tener la intención de hacerle daño a nuestros seres queridos, sí terminamos infligiéndoselo, porque somos humanos, porque estamos amargados y resentidos, y se creó un círculo perverso de causa-efecto, en el que paga el más débil: las necesidades de nuestros amores se transforman en una carga. Así perdemos de vista los pequeños placeres que son la esencia de la felicidad.

Un ramo de margaritas y una profunda reflexión durante un ritual, puede ayudarnos a comprender cuales son las prioridades en nuestra vida.

Te aconsejo que busques la manera de quedarte un par de horas sola.

Y comienza el ritual.

Pon música que te guste, quema esencia de almizcle o de ámbar. O en el incensario, hojas de eucalipto o de manzanilla. Recuerda que este rato es solo tuyo, aleja los pensamientos del deber o de las tareas pendientes. Date un baño o una ducha relajante con una infusión de jengibre, o pétalos de rosa o de violeta. En fin, busca en tu lista del cuaderno las esencias relativas que te inspiran en este momento mágico, y actívalas. Mientras, abrázate y canta. No importa que lo hagas muy mal, estás realizando una terapia, y nadie te está escuchando. Y si lo hacen y no le gusta, no es tu problema. Te parecerá mentira, pero mientras te dejes ir al compás de la música, algo dentro de ti aflorará. Pude que risa, lágrimas o ganas de gritar. Lo que sea es liberador, no lo reprimas.

Para el hechizo que sigue, sería maravilloso si pudieras utilizar velas grandes. Pero si no podrás quedarte sola el tiempo para que se consuman, ponlas del tamaño que deseas.

Y ahora a realizar el ritual, por el cual necesitas:

3 velas rojas.

3 velas blancas.

3 velas violetas.

Tres platos pequeños.

Hojas de tilo.

Jengibre en polvo.

Salvia seca.

Cascarilla.

Con ésta última, dibuja en el suelo un triángulo cuyos lados serán el largo de un paso. En cada punta, pon un plato y sitúa una vela de cada color. A lo largo de un lado del triángulo esparce hojas de salvia, en el otro jengibre, y en el tercero el tilo. En la parte de afuera del vértice, coloca tu jarrón con las margaritas.

Ahora, envuélvete en una capsula de luz brillante y entra en el centro del triángulo. Prende las velas una por una, con calma, repitiendo "Yo soy amor, yo soy fuerza, yo soy serenidad, yo soy..." Tú eres todo lo que decides ser, y lo irás repitiendo en tu mente o en voz alta cuantas veces quieres, reforzando tu capacidad y tus cualidades. Siente como la fuerza crece dentro de ti a medida que te reconectes con tu verdadera esencia, con tus capacidades, estás capacidades que quién minó tu autoestima no ha querido reconocer. De pie, cierra los ojos, siente la energía que te rodea dentro de este dibujo sagrado, imagina una escena de alegría, paz y serenidad. Un paseo en la playa, una comida familiar, un compartir con tus amigos o seres queridos. Vive la alegría de estas imágenes, escucha las risas, siente como eres amada...

Esa eres tú, este ser tan maravilloso.

Con estas imágenes en la mente y una sonrisa en los labios, sal del dibujo y deja derretir las velas. A este punto puedes retirar todo y las hierbas que formaron el triángulo, recógelas y guárdalas por un mes en una bolsa blanca, del material que quieras. Pasado este tiempo, quémalas en el incensario.

ROSA: desde siempre, representa el amor, el romance y la pasión. Las rosas rojas y blanca, combinadas, simbolizan la unidad.

En magia, utilizar las rojas para programas apasionados, amarilla para los tiernos y blancas para el amor puro.

Muchas personas tienen la autoestima tan baja, que no se sienten merecedoras de un amor puro y sincero. Se dejan someter, avasallar y dominar. Es lamentable, pero cierto, que todos los seres humanos arrastramos traumas y problemas desde la infancia, cuando la capacidad de discernimiento no estaba tan desarrollada como para saber valorarnos. Entonces, cualquiera podía sembrar una duda terrible en nosotros, con un solo comentario. "Es una niña inteligente, pero feúcha... " Frases como estas pueden marcar para toda la vida, y aun cuando haya sido una mala apreciación, y la niña en cuestión se transforma en una belleza, aquella frase siempre estará presente. Regaños constantes y a veces inmerecidos, insultos, malas palabras... llegamos a adultos con una carga tan pesada que nos hace creer que no merecemos lo mejor. Y la verdad es que somos seres únicos, divinos y maravillosos. Tú eres una gran persona, y solo debes analizarte para creerlo. Ámate, si no te amas a ti misma, nadie lo hará. Si no comienzas apreciándote y dándote a respetar, seguirán aprovechándose de ti.

El primer ritual a realizar, será para despertar el amor hacía tu persona.

Lo realizarás en horas de la mañana, con luna nueva.

Necesitas:

Rosas en un floreros, posiblemente blancas.

Dos cintas rojas.

Dos blancas.

Dos rosadas.

Dos velitas rojas.

Dos blancas.

Dos rosadas.

Hojas de menta, frescas y secas (éstas últimas en buena cantidad)

Pétalos de rosas frescos y secos.

Azúcar.

Canela.

Un cuenco de cristal o de loza.

Un plato blanco.

Block y lapicero.

La noche anterior al ritual, pon a macerar en tu cuenco de los rituales los pétalos frescos junto a las hojas de menta.

La mañana siguiente, si tienes bañera vierte el contenido del cuenco en la bañera y relájate dentro del agua tibia, al final toma puñados de los pétalos y restriégalos por todo tu cuerpo. Si es en la ducha, al finalizar la misma estruja los pétalos por todo tu cuerpo, luego enjuágate con el agua del cuenco. Viste una de tus prendas favoritas de color claro.

Pon parte de las hierbas secas a quemar, luego siéntate cómoda en la mesa. Forma una trenza con las tres cintas y ponlas en el fondo del cuenco. En un papel blanco, escribe tu nombre, dóblalo varias veces y escóndelo entre las cintas. Desmenúzale encima hojas secas de mentas y pétalos, añádele azúcar y canela. Prende las tres velitas en el plato, luego arranca una de las hojas del block. Piensa en una persona a la que admiras mucho, no un actor de cine sino alguien real con quién compartes seguido. Comienza a escribir en fila todas las cualidades que tiene esta persona. Analízala a fondo y describe sus virtudes. Al finalizar, deja la hoja y toma otra limpia. Ahora es a ti misma a quién debes describir. Obsérvate como observaste a esta persona, con cariño y benevolencia. Somos muy críticos y exigentes cuando pensamos en nosotros, por lo que es importante que seas sincera, ni muy crítica ni tampoco indulgente. Al final, compara ambas listas. ¿Hay mucha diferencia entre una y otra? Estoy segura que no. Solo que acostumbramos admirar a los demás, pero no a nosotros mismos.

Descúbrete a ti misma y ¡ámate! Recuerda que tú eres la persona más importante de este mundo.

Mantén las cintas en el cuenco con las hierbas el tiempo que quieras, y finalmente guárdalas en un lugar seguro, pues representan los colores del amor.

TULIPÁN: Tiene el poder de suavizar las disputas, y resaltar los motivos que ameritan una separación.

Magia muy eficaz para aplacar los sufrimientos sentimentales y para hacernos comprender que es lo que más nos conviene, pues a veces preferimos arrastrar una relación conflictiva, antes de enfrentarnos a una separación, asustados por la imagen de la soledad.

RITUALES PARA LA HECHICERA DEL NUEVO MILENIO

Parece mentira pero, a pesar de tener la oportunidad de divorciarse, muchas parejas viven una relación disfuncional y a veces desquiciante. No digo que no haya hombres maltratados, porque sí los hay. Pero en el noventa por ciento de los casos somos las mujeres la que llevamos la peor parte, sobre todo referente al maltrato físico. La cultura y la educación religiosa dicen que el matrimonio es para toda la vida, la mamá dice que hay que hacer la voluntad de Dios y complacer al hombre, sobre todo si es el que aporta. El miedo dice que sigas maquillándote los cardenales, porque él no te dejará escapar. Dice también ¿qué harás, como podrás trabajar y cuidar los niños a la vez? ¿Y si el sueldo no te alcanza? ¿Y si te desalojan por no cumplir con los plazos? Todos opinan... menos tú. Y se trata de tu vida, de tu piel y tu dolor. Si estás en una situación dolorosa, te puedo garantizar que siempre hay una alternativa. El miedo no te permite calcular el tremendo alcance de tu fuerza interior, pero te garantizo que a la hora de la verdad serás capaz de resolver cualquier apuro que se te presente. Solo cree en ti.

Con el siguiente ritual, podrás comprender si te conviene o no seguir con cierta relación, no importa que sea de pareja, de amistad o familiar.

Lo realizarás al atardecer, con luna menguante o luna nueva, asistida por los cuatro elementos, por lo tanto, o al aire libre o cerca de una ventana donde circule el aire.

Necesitas:

Unos tulipanes en agua.

Una hoja blanca.

Una vela violeta.

Cascarilla (o tiza blanca)

Un cojín.

Una sábana, un paño o cualquier prenda o trozo de tela azul claro.

Tomillo seco.

Orégano.

El cazo con carbones prendidos, un cuenco de agua y otro de tierra equidistantes al borde del círculo, formando un triángulo.

Sería ideal si te pudieras dar un baño con agua de orégano antes de comenzar el ritual, o enjuagarte después de la ducha. Viste algo morado o rosado, pon a quemar las hierbas, prende la vela luego, con la cascarilla, dibuja un círculo en el suelo, lo suficientemente amplio para sentarte adentro. Abre el paño azul a un lado, afuera de la raya blanca. Pon el cojín en el centro del círculo y siéntate cómoda, llevando cerca un pañuelo de papel. Dobla la hoja blanca en dos, por el largo, luego vuelve a abrirla. A la izquierda, escribirás como encabezamiento "negativo", a la derecha, "positivo". Comienza a escribir en el lado izquierdo los defectos de la persona a la que quieres analizar, uno de bajo de otro, en forma concisa. Ejemplo:

Rabioso.

Burlón.

Traicionero, entre otros.

Cuando termines, a la derecha, en línea paralela escribes las virtudes.

La respuesta saldrá sola...

Ahora busca tu libertad, Con el pañuelo de papel borra el círculo, ¡rompe la rutina y las ataduras! Sal de él de un salto y emplázate sobre la tela azul, que simboliza el cielo infinito. Abre los brazos, sonríe, y repite docenas de veces ¡soy libre, libre, libre...! Quema el papel y deja consumir la vela.

El próximo paso es romper con esta persona, con la seguridad de que podrás sola.

VIOLETA: símbolo de pureza y modestia, emite vibraciones de dulzura, reconciliándonos con los sentimientos de vulnerabilidad que podemos experimentar, abriendo la comprensión a la hermosura oculta de esos sentimientos. Otorga paz interior. Brinda armonía al hogar. Elimina los problemas que puedan surgir en un matrimonio, facilitando la comprensión en la pareja.

RITUALES PARA LA HECHICERA DEL NUEVO MILENIO

Cuando la timidez supone un problema, la cercanía de violeta hará que la otra persona comprenda la belleza de los sentimientos que hay detrás de ella.

En la sociedad moderna, está de moda la imagen del ser humano fuerte y decidido, cualquier manifestación de vulnerabilidad es considerada debilidad, sobre todo en los hombres pero, si bien hay seres que crecieron desinhibidos y seguros de sí mismos, también hay muchos tímidos e introvertidos. Y esto está bien, no todo el mundo tiene el mismo carácter. Sin embargo, hay veces cuando la excesiva timidez impide el desarrollo armónico de una persona, y a esto sí hay que ponerle reparos, pues en miles de casos, los tímidos han visto como le asignan a otro el puesto que le toca por derecho sólo por no haber sido tenido el coraje de dar a tiempo una respuestas que se sabían perfectamente. Está muy bien ser comedido y tranquilo, pero si la poca seguridad en nosotros mismos nos causa perjuicio debemos esforzarnos por salir un poco del cascarón. No será fácil, es un camino largo pero con perseverancia lo lograrás. El viejo consejo de hablarle cada día a una persona desconocida sigue siendo muy válido, para dar el primer paso. Nos los encontramos por todos lados, esperando un ascensor, en el autobús, en el vagón del metro... Anímate a sonreírle y a decirle una frase amable, aunque te cause bochorno. Por ejemplo: estaba admirando la blusa que lleva puesta, señora. Le queda muy bien. O el peinado, o los zapatos. Escoge a una persona de cara amable, verás que da resultado. Alábate a ti mismo por cada logro, repite que eres una persona extraordinaria, capaz y preparada. Hazlo frente a un espejo, y combina muecas, así aprenderás a perderle miedo al ridículo.

El siguiente ritual te ayudará a superar los obstáculos, sobre todo los que tú mismo te pones.

Necesitas:

Realizarlo con luna nueva, posiblemente al aire libre o cerca de una ventana abierta o un balcón.

Una planta de violetas, o esencia de las mismas en un aspersor.

Una maceta llena de tierra (si vas a usar esencia)

Incensario con carbones encendidos.

Esencia de cedro.

Jengibre.

Tomillo.

Una vela roja o naranja.

Prepara una infusión hirviendo por cinco minutos unas rodajas de jengibre en un cuarto de agua a fuego bajo. Vístete de rojo o naranja, ponte en las muñecas y en los sitios de tu cuerpo que quieras esencia de cedro. Prende los carbones y ponle como siempre un poco de incienso, y el tomillo seco. Prende la vela y siéntate cómoda. Si no tienes la planta sino la esencia de violeta, rocía un poco a tú alrededor y pon a tu lado la maceta de tierra. Tómate la infusión de jengibre, que estimulará tu coraje, luego cierra los ojos y respira profundamente varias veces. Vas a imaginarte que estás caminando por una jungla. Hay lianas y vegetación que no te dejan avanzar libremente, apártalas y sigue. Puedes sentir el ruido de un río que fluye, el caudal es grande, y a medida que avanzas lo escuchas más fuerte. La vegetación se hace menos densa, y desembocas en un claro. Observando ves que es la orilla de un barranco muy profundo, y abajo corre el río. Necesitas cruzar a la otra orilla, y el paso es una pasarela de cuerda que oscila debido a la brisa. No te sientes segura, pero es imprescindible que llegue al otro lado, por tanto, te armas de coraje y comienzas a cruzar. No es fácil.

El puente se mueve, el ruido del río te aturde, pero tienes el coraje de asomarte por el borde y observar aquella masa de agua que fluye embravecida. Sigue, agárrate en los laterales, no permitas que el miedo te paralice. Tú puedes, eres una persona fuerte y valerosa.

¡Finalmente llegas al otro lado!

No fue fácil, pero venciste el miedo, lo lograste.

Abrázate y felicítate por lo que fuiste capaz de realizar.

Cuando te tienes que enfrentar a una situación angustiosa, una presentación, un encuentro con personas que sientes te pueden amedrentar, recuerda este logro. Revive por unos segundos tu paso por el puente.

Si lograste esto, ¿qué otra cosa no podrás lograr?

Y recuerda: la sencillez, la dulzura, a veces atraen más que lo despampanante.

6

HECHIZOS Y CONJUROS

Para que un conjuro funcione, el requisito principal es creer firmemente en él. Si no tienes fe, si no crees sin condiciones, ni siquiera lo intentes: no funcionará.

Antes de realizar un conjuro, es necesario efectuar algunos preparativos relativos al mismo.

Es importante recordar siempre que se deben realizar los rituales siendo siempre uno mismo el objeto del hechizo. Y en caso de que quieres realizar magia dedicada a otro, siempre será en beneficio, nunca para hacer daño, pues indefectiblemente éste regresará atrás.

A la hora de efectuar un ritual mágico, debes preparar con anterioridad los elementos necesarios para realizarlo: las hierbas, y carboncitos para quemarlas, flores frescas, (la indicada para el mismo, como también la que vibra con tu energía, conjuntas tendrán una doble potencia), y para determinados conjuros, pétalos de flores secas. Una vela del color oportuno, y posiblemente ponerse ropa de éste mismo color, para aumentar las emanaciones mágicas del mismo. Según la lista de hierbas aconsejadas, si alguna de ellas, en infusión, propicia las propiedades mágicas del hechizo a realizar, prepárala también y tómala. Revisa cual elemento favorece el ritual, dispón el cuenco respectivo. Si es tierra, por ejemplo, tendrás cerca tu cuenco lleno. Si es aire, realizarás el hechizo al aire libre o cerca de una ventana abierta.

Prende el carbón en el incensario, y en el sitio escogido para realizar tu ritual, cúbralo con las hierbas, añadiendo algunos pétalos de las flores. Siéntate con comodidad, prende la vela y cerrando los ojos, te envuelves en una cápsula de luz dorada protectora. Relájate respirando lenta y profundamente durante unos cinco minutos, alejando los pensamientos, centrando tu atención en el elemento correspondiente. Si se trata de agua, por ejemplo, fija tu atención en la vasija, luego cierre los ojos e imagínate escenas relacionadas con agua y de las cuales eres el protagonista. Déjate llevar por el lento fluir de un arroyo, o siente las olas del mar que acaricien tu cuerpo. Si es aire, imagínate flotando en un mar de nubes, siente la liviandad de tu cuerpo, la sensación de libertad... Quédate en este estado el tiempo que quieras, luego piensa en tu deseo, y cuando crees que estás preparada, abre los ojos y realiza el conjuro con la certeza que se hará realidad.

Mucha gente busca un manual de magia, pensando atenerse estrictamente a lo que éste dice, creyendo que el conjuro funcionará solamente al proferir determinadas palabras preestablecidas. En la realidad, no es así. Son muy pocos los hechizos en los que hay que repetir textualmente, del resto sugeriremos palabras como ejemplo por cada invocación, pero las palabras a pronunciar son las que salgan del corazón, las más genuinas y espontáneas, relacionadas con el deseo que queremos ver cumplido. Esas son las que funcionarán, pues es nuestro mismo deseo quién las sugerirá, dándole fuerza.

Pronúncialas con firmeza y suavidad, luego imagínate a ti mismo después de que se realice tu deseo.

Vemos un ejemplo. La magia del ritual está dirigida a reforzar la felicidad en tu núcleo familiar. Habrás comprado un ramillete de margaritas o de lavanda, o de las dos especies mezcladas. La vela y las ropas serán de color verde, las hierbas quemadas en el incensario, hojas de mentas o de romero. Por supuesto puedes emplear las varias especies indicadas, conjuntamente. Tu vasija estará llena de tierra, y visualizará paseos en el campo, sembrados de flores y hermosos árboles. Tu conjuro, pronunciado en voz alta o mentalmente, puede ser:

Invoco a los seres celestiales para que me ayuden a consolidar la felicidad en mi hogar. Que la paz y la armonía nunca me abandonen, y siempre haya concordia en mi vida. En bien de todos. Gracias por escucharme.

Luego imagínate compartiendo en armonía con tus seres queridos, observa su alegría y sonrisas mientras se abrazan, se besan y danzan bajo el sol, o sentados en la mesa familiar compartiendo alimentos, demostrando el amor que se tienen. Mantén estas imágenes el tiempo que quieras, y cuando decide abrir los ojos, consérvalas en tu mente, no permita que otras de corte negativo la sustituyan.

Si quieres repetir fielmente las palabras que te sugiero, antes de comenzar el ritual cópialas en un papel que tendrás a la vista.

También como ejemplo, te pongo ahora los elementos para realizar rituales particulares. Puedes sustituirlas a tu gusto, y poner la fragancia o la hierba que más te agrade.

Otra cosa importante, se sugieren ciertos elementos para realizar un hechizo, esto no significa que si falta alguno el ritual fallará. Es obvio que si están todos la fuerza energética actuará al máximo, pero si por necesidad, por ejemplo, faltan las flores, pues tampoco es el caso de renunciar. Lo que debes tratar de mantener son las horas de preparación, los elementos y las hierbas. Y como nunca me cansaré de repetir, la fe que ponen en el ritual.

En el siguiente capítulo encontrarás rituales variados, según tu necesidad.

RITUALES DE PROSPERIDAD Y SUPERACIÓN PERSONAL

PROSPERIDAD

Un hermoso ritual, muy efectivo para atraer la prosperidad. Sugiero que nunca dejes de prepararlo en los equinoccios.

Necesitas:

Un plato plano, posiblemente blanco.

Puñados de granos surtidos.

Harina de trigo, de maíz etc.

Frutos secos surtidos.

Azúcar.

Un velón amarillo.

Miel.

Una prenda de oro (o dorada).

Es más efectivo si se realiza en horas de mediodía, cerca de una ventana por donde entra el sol, o al aire libre. Sin embargo, su poder es tan fuerte que puedes prepararlo a cualquier hora del día.

Ya tienes tu hogar limpio y ordenado, estás quemando un palito de esencia de canela, o en el incensario, canela, romero, conchas de mandarina, o cualquier otra hierba relacionada con prosperidad. Pon una música relajante o alegre, según como prefieras.

Pon el velón en el centro del plato. A su alrededor, desde la base del mismo hacia el borde del plato, colocará hileras de los alimentos antes nombrados, como si estuviese construyendo un pequeño sol. Un rayo de caraota, a su lado otro de azúcar, otro de nueces, lentejas, harina etc. Construye tu sol de prosperidad alternando los ingredientes y añádeles otros, si quieres. Cualquier comestible natural (y disecado, para que se mantenga) que simboliza prosperidad es bienvenido: canela en polvo, café, romero... ¡Verás la alegría que experimentas mientras buscas y tratas de añadir elemento a tu ritual! Al final, rocía los ingredientes con un poco de miel, y entierra entre ellos la prenda de oro.

Mientras realizas todo esto, mantén tu ánimo alegre, agradecido por todos los bienes recibidos, reza, invoca a los seres de luz a los que más fe le tienes. Finalmente prende el velón y pon el plato en el centro mismo del área de tu casa, ya sea encima de un mueble o en el suelo. Si hay niños pequeños y es imposible dejarlo ahí, otro sitio importante para colocarlo será el rincón izquierdo de tú casa. Desde la puerta de entrada, calcula la esquina izquierda final de toda el área que ocupa tu hogar, no solo de la sala de entrada. Deja el plato preparado el tiempo que quieras. Después de consumirse el velón puedes comer los frutos secos, o lo que crees oportuno.

PROSPERIDAD: (2)

Coloca en un plato una astilla larga de canela en polvo, una rama de albahaca y una de romero, formando un triángulo. En el centro del triángulo ponle una cucharada de miel y una de azúcar, mezcladas, y alrededor, rellenando el interior del triángulo, canela en polvo, hojas de romero, laurel y albahaca secas y desmenuzadas. Encima de la miel hunde una vela amarilla, préndela y recitas con mucha fe el siguiente conjuro:

"Invoco a los Seres Superiores para crear y multiplicar la prosperidad en mi vida, y a mí alrededor se cree un círculo de bienestar en armonía para todo el mundo. Gracias por escucharme"

PROSPERIDAD: (3)

La albahaca es una hierba de la que existen muchas variedades y es recomendada como convocadora del dinero, se la conoce también como Basilicum alabando la diosa de la bonanza. Para atraer la opulencia a tu vida, invoque a esa deidad así:

"Que el aroma de la planta que te simboliza aporte abundancia a mi vida, en salud, amor y dinero. Que en mi casa abunde la prosperidad, de manera que pueda regalar de todo a quién le hagan falta"

PROSPERIDAD: (4)

Color oro. Hierbas, albahaca, laurel. Flor girasol. Horas, de día. Elemento tierra.

Unas espigas de trigo.

Una cinta dorada.

Adorna el sitio donde acostumbras realizar los rituales con las flores adecuadas para atraer la abundancia a tu vida, pon ahí el cuenco lleno de tierra, prende la vela, quema las hierbas. Luego deja relajarte mentalmente, tome las espigas de grano, reúnalas en un manojo y átalas con la cita recitando:

"Invoco los elementales de la naturaleza para que otorguen abundancia a mi vida. Cada grano de estas espigas se transmutará en una gracia, y el bienestar nunca faltará en mi hogar. Agradezco su presencia y su ayuda, en armonía para todo el universo."

Déjalas cerca de la vela mientras ésta se consume, luego ponlas donde tú quieras: son un elemento decorativo precioso.

PARA CONSEGUIR NUEVO TRABAJO:

Se realiza en luna creciente.

Vela y color azul o naranja, hierbas: bardana, romero o laurel.

Flor aciano o girasol. Hora, amanecer. Elemento tierra.

Prepara el ambiente para el ritual, teniendo a tu alrededor los elementos necesarios. Siéntate, cierra los ojos, respira profundo, luego retienes la respiración y crispa todo el cuerpo, ponte rígida y aguanta unos segundos, hasta que puedes mantener el aire en tus pulmones. Luego suelta el aire y conjuntamente afloja todos los músculos. Repite el ejercicio tres veces, con calma, relájate. Luego, abre los ojos y con mucha fe recita la siguiente oración:

"Invoco la intervención de los elementos cósmico para conseguir un trabajo en que me realice como ser humano, cumpliéndose mis aspiraciones, para que a mi familia no le falte nada en ningún aspecto de la vida. Que lo conserve a pesar de las circunstancias y personas adversas. Que en él progrese mejorando siempre mi calidad y gozando de salud y fuerzas. Y que día a día pueda ser útil a cuantos me rodean. Gracias por escucharme. Amén."

ENCONTRAR TRABAJO

Se realiza en luna creciente.

Necesitas:

Azúcar.

Hojas de laurel.

Vela naranja.

Un plato blanco.

Papel y pluma.

Escribe en el papel en qué área quisiera trabajar, humedécelo ligeramente, cúbrelo con una capa ligera de azúcar y dóblalo en 4. Pon la vela en el plato, a un lado de ella pones el papel, y al otro el laurel. Cubre ambos lados con azúcar y prende la vela. Mira fijamente la llama, verás que tu visión se desdibuja, entonces céntrate en imágenes donde te ves en el nuevo trabajo, alegre, recibiendo tus honorarios. Agradece, y mantén estas imágenes en tu mente.

PARA CONSEGUIR EL TRABAJO QUE DESEES

Realizarás este hechizo de día, si puedes con unos girasoles puestos en un florero.

Necesitas:

Una hoja de papel morado y una hoja roja.

Una vela roja o anaranjada.

Tres hojas secas de laurel.

Hojas secas de romero y salvia.

Cazuela para encender carbones.

Trozos de carbones.

Pluma.

Fósforos.

Azúcar.

Un platito blanco.

Prende los carbones, que haya una llama viva, no importa si dura poco, deja luego los carbones en ascuas y ponle el romero y la salvia. Prende la vela y siéntate cómoda con los elementos situados frente a ti, cierra los ojos y respira profundo varias veces. Siempre revisa tus hombros, y afloja la tensión, si es necesario. Abre los ojos, escribe en el papel morado el trabajo que deseas tener, especifica con claridad. Pon el papel sobre el plato, échale el azúcar, luego las hojas de laurel. Une las cuatro puntas del papel y retuércelas, formando un cucurucho. Mientras, recita:

"Este trabajo ya es mío por derecho, así lo decreto al Universo. Gracias Padre por escucharme"

Sonríe y visualízate en este nuevo empleo, trabajando y compartiendo con tus compañeros. Deja consumir los carbones, apaga también la vela, si quieres. Cuando se cumpla tu deseo, quema el papel con su contenido.

ATRAER EL ÉXITO EN NUESTRA VIDA DIARIA:

Colocar sobre el carbón encendido, un poco de azúcar, un poco de romero, una raja de canela, ruda y albahaca seca. Pasear el tarro humeante por toda la casa. Se puede hacer todos los días.

ÉXITO EN LOS NEGOCIOS

Si tienes negocio, jamás debe faltarte un aspersor con infusión de albahaca, romero y canela. Pon una rama de cada uno en un litro de agua, deja hervir y al enfriarse, cuélala. Mantén el envase en la nevera, para que la infusión no pierda su poder, y rocía todos los días el ambiente. También puedes añadir un poco en un tobo de agua y pasar un paño por todo el piso. Los girasoles, margaritas y demás flores amarillas, activan las ventas por representar el oro. La tierra es indispensable en un negocio, pues representa la productividad, por esto es bueno tener siempre una planta, ya que las raíces estimulan la firmeza y la estabilidad. Mima tu planta, riégala según su especie, échale abono y háblale sin sentirte ridícula por ello.

ACTIVAR LAS VENTAS

Vela y color amarillo dorado.

Hierbas albahaca y laurel. Hora de día.

Elemento fuego y tierra.

Un frasco de vidrio.

Billetes y monedas de varias denominaciones.

Papel blanco.

Sería óptimo si realizaras este ritual después de haber limpiado el piso con la infusión de hierbas. Prende la vela dorada y sitúala en la parte sur de tu espacio. Enciende los carbones, añades las hierbas y pasea el tarro por todo el perímetro. Piensa en el promedio de clientes que compra tu local a diario. Si son, supongamos, veinte, tu meta inmediata serán treinta. Toma el papel, escribe en él "Desde hoy, treinta personas entraran a comprar, y se irán con las bolsas repletas de mercancías. Gracias Padre por escucharme" Introduce en el frasco monedas y billetes, el papel doblado, más monedas y billetes. Deja consumir la vela. El frasco permanecerá quieto hasta que se cumpla lo que escribiste. Entonces quemarás el papel, y repetirás el ritual, aumentando el número.

PARA LA BUENA SUERTE

Preparar una infusión de agua con canela. Al terminar de ducharse, échatela por encima. Sécate sin enjuagarte.

ABUNDANCIA

En una noche de luna nueva, pon a quemar albahaca y canela sobre el carboncillo, prende una vela verde y otra amarilla, y siembra semillas de albahaca en una maceta que mantendrás al aire libre. Si el clima es frío, sácala por lo menos un rato todos los días. Vela y color amarillo y verde.

7

RITUALES DE PROTECCIÓN Y LIMPIEZAS ENERGÉTICAS PARA ALEJAR LA NEGATIVIDAD

A veces, la negatividad en el hogar es fruto de nuestro descuido inconsciente. Es necesario mantener los ambientes siempre limpios, renovados y organizados, libres de trastos inútiles. Abrir todos los días puertas y ventanas y dejar circular el aire, aunque sea unos minutos, y a pesar de ser invierno. El aire y el polvo estancados producen estancamiento. Lo mismo los muebles, hay que moverlos periódicamente, cambiarlos de sitio. Todas las veces que limpias los pisos, añade unos granos de sal marina en el agua. Prende carbones con hierbas, o varitas de incienso, el fuego quema y transmuta.

Mentalmente, crea una escoba dorada. Grande, frondosa, parecida a las de las brujas de las viñetas. Periódicamente, te imaginarás esta escoba que barre toda la parte alta y el techo de tu casa, que es donde más se acumulan los desperdicios energéticos.

Todos estos, son consejos para mantener tu hogar lo más limpio posible de energías negativas, pero, cada mes más o menos, irás a realizar la siguiente limpieza:

PREVENIR EL MAL DE OJO

El mal de ojo se produce por la transmisión de energía dañina de una a otra persona de manera voluntaria o involuntaria. El carbón vegetal tiene la propiedad de absorber las impurezas y atrapar los fluidos negativos enviados contra las personas, evitando que penetren en su plano astral.

Pon en un saquito pequeño de color dorado o violeta siete pedacitos de carbón, unos granos de sal marina y hojas de ruda seca. Amárralo, y llévalo siempre contigo en la cartera, en el maletín de trabajo o en un bolsillo. Por su aspecto parecerá un regalito, y te protegerá de malas energías y envidia. Cambia los elementos cuando sientes que están cargados.

ELIMINAR MAL DE OJO (2)

Realizarlo preferiblemente en luna nueva, en hora del atardecer.

Vela violeta.

Esencia de coco.

Una rama vegetal de lo que tienes a mano (espinaca, acelga, etc.) suficientemente alta para que sobresalga del frasco.

Hojas secas y desmenuzadas de ruda y eucalipto.

Sal marina.

Una tijera.

Pabilo (o hilo de coser).

Agua de lluvia (si no es temporada de lluvia, servirá agua mineral).

Tres trocitos de carbón vegetal.

Pote de vidrio que sólo se utilizará para este ritual.

Para este potente ritual, sería ideal si pudieras conseguir medio coco, ya sea fresco o seco. En este caso, licúa la pulpa, cuélala y utiliza el jugo como baño, sino servirá la esencia.

Lista para bañarse, la persona pondrá el agua de coco en un envase a la que añadirá un pellizco de sal marina y agua suficiente para poder mojar todo el cuerpo. De faltar el coco, añadir gotas de la esencia.

Después de bañarse, enjuagase con la preparación y secar sin más. Póngase ropa violeta o blanca.

Póngase a quemar las hierbas. En el envase de vidrio (desechable) se pondrá la sal marina y los carbones. Cubrirlo todo con el agua, hundir la rama vegetal, a la que se enredará el pabilo. Y situarlo detrás de la puerta de entrada donde vive la persona que tiene mal de ojo. Si no se puede por algún motivo, disimularlo en la habitación donde más tiempo pasa la persona. Con las tijeras, cortar el pabilo repitiendo: "corto cualquier maleficio, mal de ojo y malos pensamientos dirigidos hacia mi persona o hacia mis seres queridos". Repite hasta que desmenuces el pabilo. Luego retira la rama y deséchala.

El pote de vidrio hay que dejarlo así hasta que los tres trozos de carbón se disuclvan. Cuando estén disueltos tira el líquido fuera de la casa, y desecha el envase.

SI NO ESTÁS DESCANSANDO BIEN:

En el centro de un plato blanco, coloca un envase de vidrio transparente (un vaso, frasco etc.) colmado de agua en sus tres cuartas partes. Alrededor de su base por un círculo de sal marina, luego coloca todo debajo de tu cama. Lo cambiarás cada semana, ponte guantes de plástico, o envuelve tus manos en bolsas plástica, bota el agua y la sal por el desagüe, lava todo bien con jabón, luego repasa con un poco de vinagre. Renueva y vuelves a colocar. Puedes dejarlo el tiempo que crees necesario, nunca será mala idea dejarlo ahí, pues tiene la capacidad de absorber energías negativas.

PROTECCIÓN (1)

Para alejar las malas energías: cerca de la puerta de entrada, escondido encima de un mueble o detrás de una maceta, coloca un platito blanco con tres limones picados en cruz recubiertos de sal marina. Cuando estén secos, sustitúyelos por otros. Si recibes una visita de alguien particularmente negativo, apresúrate a cambiar tus limones, pues estarán súper cargados, a punto de pudrirse. Siempre, antes de cambiarlos, ponte guantes o envuelve tus manos en bolsa plástica.

PROTECCIÓN (2)

Pon en un envase de cerámica o de vidrio ramas de perejil secas, sal marina, hojas de eucalipto secas y algún palito de canela. La combinación crea un fuerte protector contra malas energías. Puedes poner envases en todas las habitaciones y en tu negocio.

PROTECCIÓN (3)

Coloca siete pedacitos de carbón vegetal en un plato blanco y salpícalos con sal marina y ruda desmenuzada. Adicionalmente, circunda el borde del plato con un círculo de sal. Ponlo debajo de la cama, a la altura de la cabecera. Cámbialo cada semana, evitando tocar los materiales, Envuélvete las manos en bolsas plástica, si no tienes guantes.

PROTECCIÓN (4)

Para alejar las malas energías: cerca de la puerta de entrada, escondido encima de un mueble o detrás de una maceta, coloca un platito blanco con tres limones picados en cruz recubiertos de sal marina. Cuando estén secos, sustitúyelos por otros. Si recibes una visita de alguien particularmente negativo, apresúrate a cambiar tus limones, pues estarán súper cargados, a punto de pudrirse.

PROTECCIÓN (5)

En una bolsita de tela blanca pon un diente de ajo y hojas de ruda y tomillo. Amarra y llévalo en la cartera, o ponlo en diferentes sitios de tu casa, fuera de la vista. Cámbialo cada dos semanas.

PARA PROTEGERSE DE ROBOS

Lo realizarás en luna llena, de día. La flor asociada a este hechizo es la lavanda, si puedes, consigue unas ramas.

Vela y color blanco.

Ruda seca.

Laurel.

Albahaca seca.

Sal marina.

Un saquito de tela blanca.

Carboncitos encendidos en el incensario.

Pon a quemar un poco de ruda, una hoja de laurel desmenuzada y un poco de albahaca.

Se introducen en el saquito siete hojas de laurel, siete ramitas (o pellizcos) de ruda seca y siete cucharaditas de sal marina. . Se ata recitando:

"Que los elemento contenidos en esta bolsa, junto a la presencia de los seres de luz en mi casa, mantengan alejados a los que con mala intención quieren acercarse. En bien de todos, amén."

Deja el saquito al lado de los elementos hasta que se consuma el carbón con las hierbas, y si es pequeña, también la vela.

Luego se disimula escondido encima de la puerta de entrada, o en un mueble cerca de la misma.

PROTECCIÓN FAMILIAR

Lo realizarás con luna llena, en hora del día, llevando una prenda violeta o blanca.

Necesitas:

Si no posees jardín una maceta grande llena de tierra.

Un coco partido a mitad.

Una vela violeta.

Una cinta blanca y una verde.

Papel.

Un poco de todas las hierbas secas que tienes: romero, salvia, ruda, entre otros.

Azúcar.

Canela.

En una hoja tamaño carta escribe el nombre de tus familiares, luego añades: "Que Dios los proteja siempre y le de salud, alegría, amor, prosperidad, éxito, paz familiar, comprensión para aceptar lo inevitable..." En fin todo lo bueno que deseas para ellos. Cuando termines, pon en el centro del papel las canela, el azúcar y todas las hojas que reuniste, pues estas hierbas encarnan tus deseos, ya que estimulan la prosperidad, salud etc. Dobla la hoja y forma un paquetito. Mételo dentro del coco, cierra las dos mitades y amárralas con las dos cintas. Entierra el coco en el jardín, o en su defecto, en el fondo de la maceta, Cúbrelo con tierra y deja que la naturaleza arrope tus deseos.

PROTECCIÓN DE UN NEGOCIO

Necesitas:

Ramas de cardo mariano, eucalipto y ruda secos. En algunos países es posible conseguir ramas de laurel, sino, pega en un palito (puede ser una caña seca) hojas, simulando.

Aspersor con infusión de las mismas hierbas.

Combina y forma un arreglo que pondrás en un florero o hundirás en una maceta llena de piedritas, arena de colores o cualquier material artístico relacionado.

De primero, rociarás tu negocio en todos los rincones recitando:

"Alejo todo mal pensamiento de mi negocio, que salga la envidia y entren la abundancia y la prosperidad. Amén."

Luego pondrás tu adorno protector en un sitio que destaque.

PARA CORTAR LA ENVIDIAS EN TU NEGOCIO:

Preparar dos infusiones: Hervir en ½ litro de agua un ramo de ruda con un trozo de cáscara de coco (ya sea verde o seca), y dejar entibiar. Separadamente, hervir una astilla de canela y unos pétalos de lavanda (si no los consigues, el aceite de lavanda solo servirá). Al entibiarse, añadirle unas gotas de aceite de lavanda. Después de bañarte, rocíate el cuerpo con la primera infusión. Enjuágate, luego pásate por todo el cuerpo la segunda (no es necesario que te las pasas por el cabello). Esta vez no te enjuagues, sécate con este aroma delicioso que te rodea, y no utilices perfume, ya que puede opacar los efectos. Si tienes un lugar físico donde realices tus negocios (local, tienda etc.) reserva un poco de ambas infusiones, y al llegar, rocía los ambientes primero con una, luego con la otra. Mientras realices ambas limpiezas, recita un mantra relativo, por ejemplo: Corto de raíz cualquier sentimiento negativo que pueda entorpecer mi evolución y prosperidad y la de mis seres queridos.

Creo una barrera protectora a mi alrededor para impedir el paso de envidia y malos pensamientos ¡Yo soy abundancia y prosperidad!

RITUAL DE PROTECCIÓN ENERGÉTICA

Hora anochecer, elementos: los cuatro. Lo realizarás en luna menguante.

Dos velas violetas.

Dos velas blancas.

Sal marina.

Hojas de ruda y romero (Frescas o secas).

Cazuela con carbones encendidos.

Pote de tierra.

Cuenco de agua.

Cascarilla.

Prepararás tu hechizo cerca de una ventana, o donde circule el aire, pues necesitas integrar los cuatro elementos.

Dispón las velas alternando los colores, formando un cuadrado. Escribe tu nombre y el de las personas que quieres proteger en una hoja blanca, luego dóblala en cuatro y ponla en el centro. Forma un círculo de sal alrededor de las velas, luego otro inmediatamente después, usando la cascarilla. Repite los dos anillos entorno al papel. Salpica todo con hojas de ruda y romero Enciende las velas y después de centrarte, invoca a los poderes celestiales: Fuertes y poderosos maestros de luz, les pido protección para... (Recita todos los nombres que escribiste). Gracias por escucharme.

Si son velas pequeñas, déjalas consumirse, si son velones, a la hora puedes apagarlos. Deja el compuesto en su lugar todo el tiempo que puedas, excelente si se mantiene durante una semana. Si quieres, todos los días prende de nuevo las velas por un rato.

LIMPIEZA ENERGÉTICA PROFUNDA

Necesitas:

Carboncillos.

Incensario.

Incienso puro (el que queman en las iglesias).

Hojitas de ruda, romero y eucaliptos secos y desmenuzados.

Canela en polvo.

Una campana o un armonizador.

Prende bien el carboncillo, colócalo en el incensario y añádele el incienso y las hierbas secas. Invoca al ser superior al que más fe le tienes, y pídele que te proteja, luego envuélvete en un capullo de luz dorada.

Ponte frente a la puerta de entrada, camina hacia tu lado derecho tocando la campana, (las vibraciones removerás las energías estancadas) y camina por todo el perímetro de tu hogar hasta llegar de nuevo al punto de partida. Sigue la misma trayectoria, esta vez moviendo en forma circular el incensario, en sentido contrario a las agujas del reloj (quemarás así las energías removidas). Finalmente añádele la canela y recorre de nuevo todo el perímetro, ahora esparciendo el humo en sentido horario (Así estarás armonizando).

ALEJAR LA NEGATIVIDAD

Pétalos de flores secas.

Hojas secas de menta, romero y salvia.

Esencia de azahar.

Papel y pluma.

Cazo para quemar.

Fósforos.

Deberás preparar el ambiente con esmero particular. Limpia, saca de tu vida el polvo que te tiene opacada, ¡todo a tu alrededor debe resplandecer, para que tú energía brille!

Después de bañarte, enjuágate con agua donde diluiste gotas de azahar. Pon a quemar la esencia, prende carbones y pon los pétalos de flores y las hierbas. Siéntate cómoda, respira profundamente varis veces. Cuando sientes que estás relajada, sonríe, estira tus labios aunque no tengas ganas, luego comienza a escribir todas las cosas negativas que te han estado pasando. Todas, hasta las más nimias. Finalmente, pon el papel en el cazo y quémalo recitando:

"Este fuego transmuta lo negativo en positivo, por lo tanto, mi presente ya está lleno de amor, comprensión, paz, prosperidad y abundancia en todos los aspectos de mi vida. Gracias Padre por bendecirme siempre."

Recuerda que el estado de ánimo es determinante en los hechizos. Hablaste en presente, ¡El cambio ya comenzó! Por esto de ahora en adelante la sonrisa no debe abandonar tus labios.

8

HECHIZOS DE AMOR

El hechizo más efectivo para lograr la felicidad es tu sonrisa, tu sensibilidad y la empatía que demuestras hacia los demás. Tú puedes ser un hechicero/a andante, y puedes embrujar con tu encanto, si solo te lo propones.

Los hechizos que te ofrezco a continuación están elaborados para reforzar los lazos con tu pareja, o para resaltar tu atractivo y encontrar rápido a tu alma gemela.

ENCONTRAR UN NUEVO AMOR:

Color rojo o rosado (según la intención de ternura o pasión).

Hierbas: menta, romero, verbena.

Flor rosa. Hora, amanecer, o temprano en la mañana. Lo ideal es realizarlo al comenzar una luna nueva. Elemento fuego.

Prende el carbón y añade las hierbas a quemar. Si te es posible, en el caso de metal, prende unos carbones y deja la llama viva.

Con los ojos cerrados, respira profundamente varias veces, céntrate, deja fluir tu mente. Imagínate una gran burbuja de luz dorada resplandeciente. Entra en ella, pídele al universo que ponga a tu lado la pareja que necesitas, la que está asignada para ti, para toda la vida, luego estira la mano y agarra la de tu nueva pareja. Seguramente no tendrá rostro definido, es la idea no te preocupes, pero sentirás su presencia. Con esta presencia a tu lado, imagínate viviendo juntos: preparando una comida en la cocina, viajando en un barco o un avión, paseando por la playa, acunando un bebé. Imágenes hermosas donde sentirás la compenetración y experimentarás la alegría de compartir. Sella la burbuja con todas estas imágenes adentro, y desde una nueva perspectiva, empújala con ambas manos. Véala como sale por el cielo, ¡Entrégale todos estos sueños al Universo! Mientras la ves flotar, da las gracias a tu media naranja por escucharte. Háblale, di todo lo que te dicta el corazón, pero siempre en tiempo presente:

¡Aquí estoy, mis manos están abiertas para recibir las tuyas, te siento a mi lado, te veo viviendo conmigo, te amo!

Después de realizar este ritual, trata de no pensar en la falta de pareja, en cuándo llegará. ¡Jamás vuelvas a ponerte negativa al respecto! Espera con fe y una sonrisa en los labios.

ENCONTRAR PAREJA

Se realiza en luna nueva, al aire libre o con las ventanas abiertas, para que entre el aire de la noche.

Una hoja de papel.

Un lápiz.

Una vela blanca.

Un vaso con agua.

Procedimiento:

Escribes en la hoja de papel: "Que la magia de esta luna nueva transmute cualquier energía negativa, y se active el amor verdadero, una pareja que me ame con lealtad y ternura. Mi persona ideal es: ...."

Anotas todas las cualidades que deseas de la persona amada, por ejemplo: que sea una persona leal, cariñosa, honesta...limítate a cualidades morales, elabora una petición de amor, no de necesidad monetaria, pues amor es lo que estás buscando.

A continuación, dobla el papel en cuatro partes. Coloca la vela al norte, el vaso de agua al sur, en medio de estos el papel. Enciende el incienso, enciende la vela, pásalo por los tres elementos. Haz forma de círculos e infinitos con el incienso, diciendo: Yo soy Amor, varias veces. Luego coloca el incienso en posición este con respecto al resto de los materiales. Abre tus manos en posición de recibir, respira suave y lentamente, cierra los ojos y quédate en silencio.

HECHIZO DE AMOR CON LUNA LLENA

Una maceta.

Tierra abonada.

Semillas de cualquier hierba o flor.

Unas semanas después de la siembra:

RITUALES PARA LA HECHICERA DEL NUEVO MILENIO

La cáscara de un huevo.

Una hoja de papel de nuestro block mágico.

Una noche de luna nueva, armoniza tu ambiente y prepáralo para el ritual. Colocas tierra en la maceta, y siembras cualquier tipo de semilla sencilla, para que germine sin muchos problemas. Puede ser albahaca, perejil o alguna flor. Las riegas, y esperas con fe que florezca el amor en tu vida. Mientras realices la plantación, repite:

"He plantado las semillas de un nuevo amor. Un amor que me traerá la felicidad total. Pido que se materialice en mi vida la pareja perfecta que yo me merezco y necesito". Gracias Padre por oírme.

La planta, cuidada con mimo, poco a poco crecerá, al igual que irá creciendo la felicidad en tu vida amorosa.

Una vez la planta haya crecido unos diez cm. Escribe tu nombre completo en la hoja blanca, si ya llegó la pareja pon su nombre al lado del tuyo, sino en su lugar dibujas dos corazones. El papel doblado irá dentro de la cáscara, luego encajas las dos mitades una dentro de la otra. Si se astilla no hay problema, encájalas bien, luego entiérralas a un lado de las raíces.

Cada vez que la riegues, repite el mantra amoroso.

FELICIDAD FAMILIAR

Hora de día. Elemento tierra.

Carboncillo.

Hojas de menta y romero.

Vela rosada o blanca.

Una hoja de papel rosado.

Pétalos de rosas o de girasol.

Un envase con agua.

Un plato blanco.

Unas ramas de eucalipto en un florero junto, si se puede, con margaritas o lavanda.

Prepara tu ambiente como siempre, poniendo música relajante, ten cerca tu cuenco de tierra, pues atraerá las fuerzas energéticas hacia ella, en este caso para enraizar los sentimientos familiares.

Escribe en el papel los nombres de tus familiares, ponlo en el centro del plato, ponle encima la vela y préndela. Con algunos pétalos, forma un corazón en la base de la vela. El resto ponlos a remojar en el agua, prende el carboncito y pon a quemar las hierbas. Toma con mucho amor en cuenco en tus manos y camina con él por todo el perímetro de tu casa, comenzando por la puerta de entrada. Cuando se consuma la vela entierra los restos junto al papel en tu cuenco de tierra. Repite este hechizo una vez al mes.

ALIVIAR PENAS DE AMOR

Vela y colores blanco, azul.

Hierbas: angélica, bálsamo o manzanilla.

Flor lirio o girasol.

Hora, de noche. Elemento aire.

Un envase con agua.

Realizarás el ritual de noche, al aire libre o cerca de una ventana abierta, posiblemente con luna menguante. Ponte alguna prenda blanca o azul, y escoges uno de estos colores para la vela que encenderás. Quema las hierbas sobre los carbones, y si pudiste comprar unos girasoles o unos lirios, sitúalos cerca de ti.

Observa el agua, recuerda los problemas que te llevaron a romper la relación, échalos en el envase uno detrás de otro, recitando:

"Te saco de mí, rencor, incomprensión, abuso etc." Finalmente, vierte el agua con decisión en un desagüe, y deja que todos los malos recuerdos fluyan lejos de ti.

Luego cierra los ojos y céntrate en la imagen de la persona con la que rompiste lazos. Si los recuerdos tristes y dolorosos y el rencor tratan de inundar tu mente, aléjalos con decisión: no es el momento de recriminar, sino de curar tu alma. Recuerda los momentos bonitos que vivieron juntos, porque sí, los hubo, los que te dieron alegría, y deja que una sonrisa relaje tu rostro.

ALIVIAR EL DOLOR DE UNA SEPARACIÓN

Vela y color verde y violeta. Hiervas bálsamo, mejorana y romero. Flores.

Margaritas y tulipanes. Hora de noche. Elemento aire.

Necesitas:

Dos platitos blancos.

Sal marina.

Clavos de olor.

Una tijera.

Papel blanco.

Incensario.

Carboncillos.

Rcalízalo en luna menguante.

Prende una vela verde o violeta. Pon a quemar las hierbas sobre el carbón encendido. En los platos, forma un círculo pequeño con la sal, y otro con los clavos de olor. Escribe en el papel tu nombre, y al lado, el de la persona que quieres olvidar. Parte el papel de un tijerazo, separando los nombres, el tuyo lo pondrás en el círculo de los clavitos, el otro en el de la sal, repite varias veces: "Te alejes de mí, te vas lejos, te vas lejos, te vas lejos..."

Toma el papel del círculo de sal y córtalo en varios pedacitos pequeños. A cada corte imagina como los lazos que te unen a esta persona se cortan, y se aleja más y más.

Finalmente bota los trocitos y la sal sobre los carbones encendidos y deja que se hagan humo.

Deja el papel con tu nombre dentro del círculo de clavitos durante una semana.

PARA CICATRIZAR UNA HERIDA EMOCIONAL

Realizará este ritual en luna menguante, al atardecer, vistiendo alguna prenda blanca, y considerando que al terminar el ritual, debes salir unos minutos a la calle.

NECESITAS:

La parte superior, gruesa, de una hoja de sábila (unos diez cm).

Un puñado de hojas de mentas secas.

Carboncillos.

Papel blanco.

Una cucharadita de azúcar.

Una cucharadita de miel.

Una cinta blanca o rosada de un metro más o menos.

Una vela violeta.

Clavos de olor.

Pétalos de flores.

Una hoja de papel aluminio.

Prende la vela y pon a quemar la menta sobre los carbones encendidos, prende la vela y siéntate cómoda. Respira profundamente varias veces, relájate. En el papel, describe brevemente lo que te tiene atribulada, por ejemplo: "mi separación de... o la muerte de..."

Pon el trozo de sábila sobre el centro del papel aluminio y ábrela por la mitad, como si fueras a preparar un sándwich. Pon en una de las mitades el azúcar, luego el papel doblado en cuatro. Cúbrelo con la miel, añade los clavitos, cubre todo con la otra mitad de la sábila y envuelve el papel aluminio, logrando un paquetito. Mientras, recita: "encierro mi dolor para que se cure, se endulce y se aleje de mí." Repite cuantas veces quieras, mientras envuelves el paquete con la cinta y formes un lazo. Ponlo en una bolsa plástica y sácalo de tu casa. Lo dejarás en una papelera aunque sea a una cuadra de tu habitación, cuanto más lejos mejor. Repítete tantas veces al día cuantas sea necesaria que encerraste tu dolor y lo alejaste.

PARA AUMENTAR TÚ ENCANTO PERSONAL

RITUALES PARA LA HECHICERA DEL NUEVO MILENIO

Este hechizo es ideal para cuando quieres lucirte especialmente y debes llevarlo a cabo en horas tempranas. Vale la pena levantarte un rato antes de lo acostumbrado para realizarlo antes de este encuentro tan importante que tienes programado.

NECESITAS:

Una velita, una roja y una amarilla.

Pétalos de rosa y camelia.

Una hoja blanca.

Canela.

Agua de rosas.

Esencia de lavanda y de rosa.

Poco azúcar.

Un cuenco.

Al bañarte, pon en la esponja las esencia y el azúcar, y pásala con mimo por todo tu cuerpo. Consiéntete, cierra los ojos y repítete lo maravillosa que eres. Vístete con alguna prenda roja, perfúmate y arréglate con esmero. Recorta el papel en círculo y escribe tu nombre en el borde, de manera que la última letra se enlace con la primera. En el centro dibuja un corazón, y dentro de él una flor. Ponlo en el centro del cuenco y cúbrelo con canela, azúcar y gotas de tu perfume personal recitando: "Yo soy tan hechicera como estas flores, tan cálida como esta especia, tan arrebatadora como este perfume" Rodéalo con los pétalos, luego plántale encima las dos velitas y enciéndelas.

Y ahora ¡Sal a comerte el mundo segura de tu encanto!

Ya que las velas se deben consumir, si nadie se queda en casa, ten cuidado en poner el cuenco en un sitio seguro la llama no pueda causar daños, por ejemplo, la pileta de la cocina. En la noche reúne los desperdicios e entiérralos en una maceta, o mejor aún si dispones de jardín.

PARA MANTENER VIVA LA PASIÓN ENTRE PAREJA

Realizarás este embrujo en luna llena, en hora del día.

Necesitas:

SCALA VIDENZA

Una manzana roja.

Una vela roja.

Canela.

Azúcar.

Hojas secas de menta.

Pétalos de rosas secos.

Carbón encendido.

Granos de anís.

Clavos de olor.

Papel.

Bolígrafo o creyón rojo.

Un cuenco hondo de cerámica o un frasco de boca grande.

Pon a quemar los carbones con llama viva, luego añádele los granos de anís, un poco de canela y un poco de la menta seca.

Toma la manzana y córtala en sentido horizontal, quítale las semillas y en el dibujo de estrella hunde un clavito en cada hueco, espolvoréale un poco de canela. Toma el papel y escribe tu nombre y el de tu pareja con tinta roja, dóblalo, ponlo entre las dos mitades de la manzana y ciérrala recitando: "Así como el fuego quema, la pasión amorosa de... (Tu nombre y el de tu pareja) arderá cada día más como una antorcha, nuestro amor aumenta, nuestros corazones se enlazan, nuestra sangre fluye junta. En bien de todos, amén"

En el fondo del frasco, pon canela, azúcar, pétalos y hojas de menta. Coloca la manzana y cúbrela con más de lo anterior. Prende a su lado la vela roja y déjala consumir. Si te es posible, prende una vela diaria hasta que la manzana se reseque. A este punto quémala en el cazo de los carbones con todos los ingredientes.

EVITAR DISCUSIONES ENTRE PAREJA

Vela y color blanco y verde. Hiervas menta y eucalipto. Flor margarita y rosa rosada. Hora de la mañana. Elemento tierra.

Realizará este ritual en la mañana, con luna llena.

Una vela roja o verde.

RITUALES PARA LA HECHICERA DEL NUEVO MILENIO

Un plato blanco.

Media hoja de papel rojo o rosado.

Una manzana verde.

Una cinta roja delgada.

Miel.

Azúcar.

Canela.

Clavos de olor en polvo o machacados.

Menta y eucalipto para quemar.

Pétalos de rosas secos.

Corta la parte superior de la manzana, y reserva. Con la punta del cuchillo, vacía el centro. En el papel de color, escribe del lado izquierdo el nombre de tu pareja, y en el otro el tuyo. Riégale un poco de miel, luego azúcar, canela y clavos.

Recita: "que esta miel endulce nuestros corazones, al azúcar nuestros labios, y las especias le den sabor y alegría a nuestra unión"

Dóblalo a mitad, luego enróllalo formando un tubito que introducirás en el hueco de la manzana. Rellénalo de miel, azúcar y las especias. Acomódale la tapa superior y amarra la cinta como si fuera un regalo, formando un lazo en la parte superior. Pon la manzana en el plato, a su lado la vela que encenderás y dejarás consumir. Cuando la manzana se reseque, quítale el lazo, que guardarás, y quémala en el cazo con los carbones encendidos. Tu hogar se impregnará con su dulce fragancia.

PARA ELIMINAR EL RESENTIMIENTO DE TU PAREJA

Realizarás este ritual en la mañana temprano, ideal si es al aire libre y de madrugada, cerca de un río o algún manantial. De no poder, puede ser en tu baño, con el agua de la ducha abierta o del lavamanos, para que fluya.

Una rosa blanca o rosada.

Una vela rosada.

Una hoja blanca donde escribirás tu nombre y el de tu pareja.

Dos trozos de hilo rojo.

Un papel donde escribirás en letras grande "RESENTIMIENTO".

Copia la siguiente oración, la recitarás, después de prender la vela, mientras anudas repetidamente los dos hilos entre sí hasta formar una bolita:

"Que la unión y la paz reine siempre entre... y... (Pon los nombres) que a partir de este momento se establezca la confianza, que el amor aumente día tras día y ninguna fuerza negativa se entrometa jamás entre nosotros"

Toma la bolita roja y escóndela en el corazón de la rosa. Finalmente, toma el papel con la palabra "resentimiento", préndele fuego con la llama de la vela y deja que el agua corriente se lleve las cenizas. Deja secar la rosa, y a su tiempo la guardarás entre las páginas de un libro.

9

AQUÍ TE SUGIERO HECHIZOS PARA DIFERENTES

NECESIDADES

ANTES DE UNA ENTREVISTA DE TRABAJO

Antes de salir, báñate con te de canela, viste alguna prenda roja o anaranjada y lleva en tu cartera un saquito de tela dorada lleno de albahaca, canela, salvia, laurel desmenuzado y ruda. Trata de apretarlo en el puño cerrado mientras te diriges a la cita. Recuerda que el mejor currículo que puedes ofrecer es tu sonrisa y tu energía positiva.

PARA PERDER PESO

Flor jazmín. Hora de día y en luna llena. Elemento tierra.

Vela y color rosado.

Hierva angélica, (en infusión).

Orégano, (infusión y quemarlo).

Ruda (quemarla y mantenerla fresca en el hogar) (las tres en este ritual).

Hay personas que se sienten bien con sus kilitos de más, ¡Y esto es maravilloso! Pero si no estás contento con tu aspecto, debes tomar medidas. Si decides perder peso no será porque tu novio te lo pide o porque te cansaste de la presión a la que te somete tu mamá. Debes hacerlo cuando tú decides que necesitas un cambio. Si no hay un problema físico, ninguna disfunción a nivel de glándulas, engordas porque necesitas crear una pared detrás de la cual esconderte. En algún momento, algo creó en el inconsciente esta necesidad, este hueco que tratas de llenar con comida.

Con este ritual, buscaremos llegar a la raíz del problema, y solo entonces la dieta será efectiva, solo cuando descubres que es lo que te afectó de tal manera. Entonces podrás darle la importancia que merece el asunto, siempre teniendo presente que lo más importante en este mundo eres tú misma, y no lo que piense los demás de ti.

Lo realizarás en luna menguante.

Prepara una infusión con angélica y romero. Aparta media taza, a la que le añadirás agua tibia hasta llenar la taza al momento de tomarla. El resto, utilízala para un baño.

Vístete de rosado, pon a quemar ruda seca y orégano. Prende la vela rosada y sitúala sobre una mesa. Siéntate cómodamente frente a la vela, respira profundo varias veces y relájate, luego mira fijamente la llama. Sigue sus movimientos, céntrate solo en ellos, trata de poner tu mente en blanco, con un poco de paciencia lo logras, aunque sea solo un momento, en el cual te llegará una palabra en particular. Esta está relacionada con el aumento de peso. Puede ser estar relacionada con independencia, carrera, pareja, familia...

Cuando te llegue esta palabra, analízala. Y trata de resolver el problema que no te deja ser feliz.

A veces estamos atrapados en un laberinto y no nos damos cuenta. Pero, al descubrirlo, el seguir atrapados depende de nuestra voluntad.

NEUTRALIZAR FUERTES SENTIMIENTOS

Hay pérdidas tan fuertes que solo el tiempo podrá ayudarnos a superarlas. Las separaciones de seres queridos, ya sea por muerte o por alejamiento en el plano humano, necesitan un proceso de duelo para poder atenuarse el dolor. Los rituales, con su poder mágico, ayudan en este proceso de adaptación, pues calman nuestro espíritu y aceleran la abertura de conciencia necesaria para aceptar el vacío que dejó este ser querido, vacío que con el tiempo se llenará de nuevo, sin falta.

Las penas de amor son difíciles de aliviar. Cuando nos dejan, mientras el vacío de la separación nos embarga, es complicado analizar ecuánimemente el suceso. Pero lo cierto es que si una relación termina, es porque no estaba funcionando para ambas partes. Tal vez te sientas mal porque sigues amando a la persona que se fue, pero si se alejó es porque no te amaba como tú mereces. Un buen ritual ayudará a sentirte más aliviada.

AYUDAR A ELEVARSE A UN SER QUERIDO QUE HA MUERTO

La muerte de un familiar siempre es un trauma, un dolor que nos deja abatidos durante un tiempo. Lamentablemente, en nuestra sociedad la muerte es un tabú. Si bien es algo muy presente, a la que nadie podremos aludir, pronunciar la misma palabra que la designa, es, según nuestra cultura, peligroso. De ahí que, lejos de ayudar al ser que falleció a volar hacia la luz, a romper las últimas ataduras, lo mantenemos amarrado a este plano que ya debería abandonar... Sin saber lo maléfica que es la costumbre de llamarlos y pedirles que no nos dejen, que nos acompañen siempre. Un alma que pasa de plano ya tiene otras metas, otros trabajos que realizar. Debemos ayudarla a enfocarse en los mismos, no en retrasar su evolución.

Aquí te ofrezco un hermoso ritual que debes realizar desde el mismo momento en que un ser querido fallece.

Necesitas:

Una vela blanca.

Incienso olíbano.

Pétalos de flores secas.

Romero, albahaca y tomillo secos.

Pon a quemar las hierbas, prende la vela y céntrate en el ser que se fue. Conéctate con él y háblale. Explícale que tu sufrimiento pasará, que tú y todos los que se quedaron van a estar bien. Muéstrale una luz muy brillante arriba, muy arriba en el cielo oscuro, y dile que ahí es donde debe dirigirse. Si es necesario, tómalo de la mano y acompáñalo. Dale confianza, tranquilízalo, dile que ahí lo esperan seres amados que ya fallecieron (no temas, hay almas que tomarán las semblanzas de los mismos para ayudarlos y darle seguridad) y finalmente déjalo a la entrada de esta luz brillante y maravillosa. Hazlo desde el comienzo, aun sin los elementos. Luego, lo repetirás cuantas veces lo crees necesario, hasta que sientes que el alma ya se elevó.

DESCUBRIR NUESTRA CULPA EN UNA DISCUSIÓN

Vela y color blanco y plata. Hierba ruda, Flor lavanda. Hora atardecer. Elemento agua. Aparte de los crisantemos blancos, que abrirán tus sentidos:

Hojas de albahaca, artemisa, orégano y ruda.

El cazo donde preparas siempre tus infusiones mágicas.

Una hoja blanca.

En horas del día, para que la luz ilumine aún más la verdad, pon a hervir las hierbas (secas o frescas) en medio vaso de agua. Apaga y deja entibiar. Mientras, prepara el ambiente como más te agrade (en base a las esencias, colores etc. Que te indiqué en el capítulo correspondiente). Al tener todo preparado, vierte la infusión en el cuenco de loza, siéntate cómodamente, respira profundo varias veces para relajarte, luego comienza a escribir:

"... (El nombre de la persona) Mi alma saluda a tu alma, y en beneficio de nuestra evolución junta, te pido que me reveles la verdad. Amada Armonía Universal, bendigo la verdad en esta situación, y pido que se manifieste en nombre del amor. Gracias a los Seres de luz que me acompañan"

Está oración sí, cópiala tal cual. Lugo dobla el papel en cuatro y sumérgelo en la infusión. Pon el envase, tapado, al aire libre y déjalo 24 horas. Si vives en apartamento y el cuenco es muy grande para ponerlo en el antepecho de la ventana, traslada todo en un frasco de vidrio. Luego abre un hueco en la tierra del jardín y entierra papel y hierbas. Si es en una maceta, que no tenga planta, pues la infusión puede quemarla.

APLACAR LAS SITUACIONES DE DISPUTA

Flor tulipán.

Lo realizarás con luna nueva, en horas del atardecer, si es posible al aire libre o cerca de una ventana abierta. Como el elemento predominante debe ser el aire que circula, cuanto más abiertas estén éstas, mejor. La flor para este ritual es el tulipán, si puedes, mantén algunos en agua cerca del sitio donde vas a realizar el hechizo.

Necesitas:

Carboncillo.

Menta y manzanillas secas.

Tres cintas blancas de 50 cm. cada una.

Una vela rosada.

Lapicero.

Hoja rosada.

Plato blanco.

Si hay discusiones en familia, es más que nunca indispensable que el hogar esté limpio y ordenado, para mantener las anergias armónicas. Si es posible, antes del ritual pasa un paño humedecido con agua y sal marina o con una infusión de menta por las superficies lavables, incluyendo el piso. Ponte alguna prenda blanca, pon a quemar la menta sobre el carboncillo a los que añadiste, como siempre, un poco de incienso olíbano (o, en este caso, mirra, a falta del primero). Con un palillo o la punta de un cuchillo dibuja en la vela corazones. A lo largo de todo el proceso habla mentalmente con tus familiares en disputa y, con mucho amor y respeto, explícale la necesidad de integrarse armoniosamente al resto de la familia. A lo largo de las tres cintas, escribe los nombres de todos, luego trénzala recitando: "cada vuelta, estrecho más y más los lazos de amor entre... (Nombra a todos tus familiares)" Al final, amarra las puntas formando un círculo y rodea con él la vela. Préndela y déjala consumir. La trenza la guardarás en un sitio seguro.

RITUAL PARA LA FERTILIDAD

Si después de efectuarse exámenes tú y tu pareja todo salió perfecto, y aun así no logras quedar embarazada, es porque hay un impedimento espiritual. Un ritual de fertilidad te puede ayudar a desbloquear estas energías estancadas, pero recuerda que lo más importante en todo el proceso es tu estado de ánimo, la certeza absoluta de que funcionará, sin sombra de dudas.

Este ritual se debería realizar en un jardín, a contacto con la naturaleza fecunda. Si no tienes esta facilidad, también sirve hacerlo en casa.

Lo realizarás en luna creciente, en horas tempranas, ideal al amanecer.

Necesitas:

Una vela verde.

Una maceta llena de tierra abonada.

Un huevo.

Semillas, posiblemente de hierbas (albahaca, perejil, entre otros.) Sino cualquiera.

Hierbas secas para quemar, albahaca, romero...el surtido que quieras, las que te inspiran en el momento.

Antes de comenzar, dedica este ritual a la madre tierra, alabando su fertilidad:

Prende la vela y pon las hiervas a quemar.

Parte el huevo por la mitad, el contenido déjalo en un recipiente. Quita algunos puñados de tierra de la maceta, abre un hueco y pon las dos medias cáscaras una al lado de la otra. Rellénalas a mitad con tierra y pon algunas semillas. Termina de llenarla, luego bate el huevo y riégalo por toda la superficie. Cubre todo con el resto de la tierra. Apoya suavemente las palmas de tus manos sobre ella y recita con fervor: "Diosa Madre, te invoco para que me integres en tu ciclo reproductivo, que mis entrañas se llenen amorosamente como siempre están llenas las tuyas, que estas semillas que acabo de ofrecerte germinen en tu vientre, así como otras semillas germinarán en el mío. Gracias por tus dones, gracias por tus bendiciones"

Y ahora ¡sonríe, sonríe! Bate palmas, baila. Alégrate y ábrete a la esperanza.

PARA CERRAR CICLOS

Realizarás este ritual en horas del atardecer, posiblemente al aire libre o donde circule aire abundante.

RITUALES PARA LA HECHICERA DEL NUEVO MILENIO

Si estás al aire libre, prende una fogata, aunque sea pequeña.

Carboncillos encendidos en el incensario (si estás en casa).

Pétalos secos de girasol.

Una vela violeta.

Papel blanco.

Una manzana.

Canela.

Azúcar.

Orégano seco.

Tomillo.

Un plato.

Una bolsa de papel.

Sobre el fuego o sobre los carbones encendidos, pon a quemar los pétalos y las hierbas secas. En el papel, escribe la situación que quieres dejar atrás, por ejemplo: "Suelto y abandono el recuerdo de (el nombre, o el sitio o lo que sea) y me libero de su presencia. Por medio de este fuego quemo cualquier vestigio de esta situación". Quema el papel sobre el plato, parte la manzana en forma horizontal, ponle las cenizas, ponle la canela y el azúcar (endulzarán el recuerdo) y ciérrala, luego métela en la bolsa. Si estas al aire libre, lánzala lo más lejos posible, como si fuera una pelota, sino sal y deséchala en seguida.

ELIMINAR MIEDOS

Realízalo con luna menguante o nueva, en horas de la noche. Ideal si pudiera ser en un jardín, sentada en la tierra, sino cerca de un balcón o ventana.

Necesitas:

Una vela azul.

Hojas secas de girasol.

Eucalipto.

Tomillo.

Carboncillos.

El cuenco lleno de tierra (si estás dentro de la casa).

Una hoja de papel azul.

Lápiz.

Pon a quemar las hierbas y los pétalos, siéntate cómoda y enciende la vela.

Toma el papel y el bolígrafo, y sin pensarlo mucho, comienza a escribir todos tus deseos. Sin reflexionar sobre los mismos, anótalos todos, tal cual salen de tu alma siempre anteponiendo la palabra "quiero":

"Quiero viajar a Egipto, quiero comprarme un apartamento, quiero separarme de...quiero cambiar trabajo, quiero enfrentarme a..." Corridos, sin analizar.

Seguramente, al final te darás cuenta de que te olvidaste anotar algunos, pero llegará su tiempo... Ahora es el momento de analizar lo que escribiste, y reflexionar. Por favor, es importante que profundices en tu escrito y te preguntes ¿qué me impide realizarlos?

Muchos de ellos, solo tus miedos.

Claro que algunos tendrán que cumplirse a largo plazo, pero lo importante es vencer el miedo y dar el primer paso. Más temprano de lo que pienses, te darás cuenta de que si puedes ¡Solo propóntelo!

HECHIZO PARA LA COMPRA DE UNA CASA O APARTAMENTO

Vela y color marrón, hierba albahaca, Flor aciano, hora amanecer, elemento tierra.

Si aspiras a comprar un terreno, necesitas un poco de tierra, briznas de hierba y hojas vegetales en general. Pon todo en un plato blanco, y le añades albahaca, romero y laurel. Prende la vela, céntrate en el terreno que te gustaría tener, repasa todos los detalles, tamaña, características, entre otros. Visualízate paseando por tu terreno, recogiendo frutos y vegetales. Cuando abres los ojos, mantén tu sonrisa en los labios y este estado de ánimo positivo.

RITUALES PARA LA HECHICERA DEL NUEVO MILENIO

Si buscas apartamento o casa, reúne un poco de pintura, trocitos de ladrillos, baldosas y cemento, Estos son los elementos que pondrás en el plato, y sigue el ritual como lo anterior.

PARA ALEJAR EL DESEO DE TOMAR ALCHOOL

La persona que toma alcohol en exceso tiene serios problemas de adaptación en su entorno. Embriagarse, es buscar un escape del presente, lo que significa que esté presente no le gusta. Cualquier estado alterado de conciencia implica la búsqueda de una salida de la realidad cotidiana. Finalmente, el tomar se torna en enfermedad, y como tal debe ser tratada. Si este es tu caso, amigo/a te sugiero que revise a conciencia las circunstancias de tu vida y decide si vale la pena seguir en la prisión en la que estás, enfermo y, casi seguramente, rechazado por los tuyos, o buscar una salida y vivir en paz y tranquilidad. Este ritual que sigue te ayudará a comprender y a tomar la decisión. Pero recuerda: la única medicina válida en este caso, es la medida de amor que te tienes a ti mismo.

Lo realizarás en horas del atardecer, en luna menguante o nueva. Ideal si es al aire libre, o donde circule aire, teniendo a tu lado una maceta o un cuenco de tierra.

Necesitas:

Una vela color violeta.

Flor girasol.

Tomillo y orégano para quemar.

Carboncillo en el quemador.

Una hoja blanca.

Lápiz o bolígrafo.

Una tijera.

Prende la vela, pon a quemar las hierbas y siéntate cómoda. Si el trabajo es contigo mismo, cierra los ojos y trata de recordar cuando comenzaste a tomar en exceso. Tal vez el abandono de alguien, una muerte o la soledad te llevó... Esto es pasado, ahora al presente. ¿Siguen las mismas circunstancias o éstas cambiaron? No hay juicio, ni remordimientos, sólo análisis. Si siguen iguales ¿qué te impide cambiarlas? Si tiene libre albedrío para rehuirlas, también lo tienes para cambiarlas. Y nunca, nunca es tarde. Busca ayuda, ¡alcohólicos anónimos es excelente!

Toma la hoja blanca y dóblala en dos a lo largo. En un lado escribe las consecuencias negativas de tomar: discusiones en familia, alejamiento de tus seres queridos, resaca al levantarte, gastos excesivos en licor etc. Fríamente, como si fueras un observador.

Ahora, en la otra mitad escribe los logros si dejaras el alcohol: mejor salud y calidad de vida, despertarte sereno, compartir más con tú pareja o hijos, ahorrar dinero, recuperar el dominio sobre ti mismo y tus actos, disfrutar en tus viajes etc...

Al final analiza y responde: ¿Crees que el sacrificio vale la pena? Y recuerda: si las circunstancias siguen siendo negativas ¿qué te impide cambiarlas? Un corte neto con el pasado es mejor que seguir destruyéndote.

Finalmente, corta la hoja a lo largo y quema en la llama de la vela el lado con las cosas negativas. La otra mitad deberás repasarla todos los días, meditando cada una de las ventajas.

Si la persona en cuestión no eres tú sino un familiar o amigo, prepara el ambiente, luego escribe en la hoja como describimos, sólo que haciéndolo en tercera persona: él o ella. Quema el lado negativo, y todos los días, céntrate mentalmente, contacta con esta persona y léele el lado positivo, conversando con él, y haciéndole comprender con amor las ventajas de cambiar su actitud. ¡Éxito!

10

Y AHORA, ALGUNOS RITUALES MAS SENCILLOS Y RÁPIDOS...

A veces estamos en situaciones apuradas y no tenemos tiempo para realizar un ritual completo. Para estos casos, aquí te sugiero los elementos para activar las energías necesarias para poner en marcha el resultado que esperamos. Es una forma rápida de preparar el ambiente para que nuestros deseos se cumplan. Aquí te planteo posibles situaciones y qué elementos usar para activar estas energías. Supongamos que alguien está deprimido y quieres:

IMPULSAR ACTITUDES POSITIVAS

Usarás: vela y color verde o rosado, hierbas tomillo y eucalipto, flor lirio. Hora de día y elemento tierra.

En horas de mañana, en tu sitio mágico, prenderas una vela rosada o verde, pondrás a quemar las hierbas sobre un carboncillo encendido, al lado de lirios en un florero y del cuenco lleno de rica tierra. Luego invoca al ser de luz al que le tienes fe, y entrégale el problema.

HAZ LO MISMO PARA:

EL BUEN RESULTADO DE UN EXAMEN ACADEMICO

Vela y color amarillo y verde. Hierbas: eucalipto y laurel. Flor girasol. Hora de día. Elemento fuego.

PARA SALIR BIEN DE PROBLEMAS LEGALES

Vela y color azul. Hierba angélica, Flor lavanda, hora: atardecer, elemento aire.

LOGRAR QUE RESPETEN NUESTROS DERECHOS

Vela y color verde, flor lavanda, hierba eucalipto, hora: amanecer o mañana temprano, elemento aire.

CURAR ENFERMEDADES

Vela y color rojo, flor clavel, hierba mejorana, hora atardecer, elemento fuego.

MEJORAR LAS RELACIONES CON LOS AMIGOS

Vela y color azul, flor tulipán, hierba romero, hora mañana, elemento tierra.

CONSEGUIR EVOLUCIÓN ESPIRITUAL

Vela y color violeta, flor lirio, hierba anís, hora atardecer, elemento agua.

ALEJAR LA DEPRESIÓN

Vela y color rojo, flor girasol, hierba bálsamo y baño de bardana, hora atardecer, elemento agua.

PARA NO COMETER EQUIVOCACIONES EN NUESTRO PROCEDER

Vela y color verde, flor lavanda, hierba manzanilla, hora noche, elemento agua.

ELIMINAR RESENTIMIENTOS

Vela y color rosado, flor lavanda, hierba menta, hora mañana temprano, elemento agua y aire. (El sitio perfecto es un lugar natural, cerca de un manantial)

PARA RECONCILIARSE CON ALGUIEN

Vela y color violeta, flor margarita, hierba menta y valeriana, hora mañana, elemento tierra.

OBTENER SABIDURIA

Vela y color plata, flor lirio, incienso hora de noche, elemento aire.

11

LAS LEYES UNIVERSALES

Hay siete leyes básicas sobre las cuales se rige la armonía universal. Siendo leyes energéticas, nosotros podemos emplearlas a nuestro favor, o viceversa. Pero la verdad es que nadie se escapa de sus efectos, ya sean buenos o malos, según nuestra propia decisión.

Descubrirlas y vivir bajo estos principios representa, a veces, un cambio fundamental en nuestra forma de ver el mundo y de actuar con nuestros semejantes, pero principalmente con nosotros mismos, pues el tribunal universal no espera para actuar: las consecuencias de nuestro proceder las gozamos o las pagamos aquí y ahora.

Gracias al libre albedrío que se nos concedió, nosotros determinamos si actuar o no dentro de las siete leyes, y al tomar gradualmente conciencia de cada una de ellas difícilmente decidiremos eludirlas: la comprensión nos orienta hacia la verdad y una sabia actuación.

1. LEY DEL MENTALISMO

Esta primera ley nos enseña que cada uno de nosotros puede crear lo que cree. El universo es una creación mental de Dios. Es el mismo pensamiento de Él. Siendo nosotros mismos partículas de este pensamiento, poseemos poderes mentales que podemos aprovechar en nuestro beneficio.

Si orientamos nuestras mentes con una actitud positiva, disciplinadamente, hacia una realización, ésta se hará realidad. Si, por el contrario, nos dejamos llevar por el pesimismo y la negatividad, todo a nuestro alrededor será un reflejo de esta actitud.

2. LEY DE CORRESPONDENCIA

"Como es arriba es abajo, como es abajo es arriba"

Los planos espirituales, las jerarquías superiores, son iguales a las de la Tierra. Las leyes que regulan el universo son las mismas que intervienen en la vida de un ser humano, por lo tanto, aprendiendo a conocernos a nosotros mismos se puede llegar a conocer el universo, y así afectarlo, para bien o para mal.

Todo es un reflejo del universo que nos rodea, por eso, al ser parte consciente de la creación, nosotros podemos y debemos colaborar en la creación de todo aquello que sea positivo y edificante. Y no debe ser de otra manera, pues si la creación del universo es un acto de amor de Dios, nuestras existencias deben estar inspiradas constantemente por el amor.

3. LEY DE VIBRACIÓN

La ley de vibración nos dice que nada es estático en el universo, las energías se mueven y actúan. La palabra es vibración pura, es el pensamiento que comienza a tomar forma, es el poder mismo sobre las formas, porque decreta las cosas pensadas. Por esto, si nuestras palabras son positivas y amorosas con sus vibraciones crearemos a nuestro alrededor un entorno pacífico y armonioso.

Con la palabra podemos construir o destruir, podemos enviar al universo vibraciones de amor o de odio, eso depende do lo que decidamos: tomar conciencia de que somos hijos de un Dios amoroso y comportarnos como tal, o seguir enturbiando voluntariamente nuestro entorno y nuestra misma existencia.

4. LEY DE POLARIDAD

Todos los sentimientos y las expresiones humanas son dos polos de la misma línea. Por ejemplo, si en un polo encontramos el frío, en el opuesto está el calor, pasando por varios grados intermedios. Por lo tanto, lo que está en las dos puntas opuestas viene a ser la expresión de una misma cosa que se manifiesta en un diferente grado. Aplicando esto al odio y el amor, comprendemos que son dos manifestaciones del mismo sentimiento, por esto podemos transmutarlos con solo proponérnoslos. Los sentimientos negativos se pueden trastocar en positivos sólo con un poco de decisión y buena voluntad, pues por medio de esta ley nos podemos dar cuenta que lo bueno y lo malo convive muy cercanamente. Con una simple sonrisa pasaremos al polo opuesto del malhumor y contribuiremos a neutralizar el de la otra persona, con una palabra de amor haremos vacilar al adversario pero, sobre todo, podremos sentir como nos relajamos y se dulcifican nuestros sentimientos.

5. LEY DEL RITMO

Como la energía no es estática y todo se mueve constantemente, en nuestra existencia nunca quedaremos estancados en una misma situación. Atravesamos periodos de cambio o de estancamiento. Un dicho popular reza que "nada es eterno", encerrando una gran verdad. Las situaciones malas que vivimos tarde o temprano cambiarán por efectos de esta ley: las necesidades económicas desaparecen, la tensión dentro de un hogar se esfuma y vuelve la paz, conseguimos el trabajo que buscamos desde hace tiempo...Pero también lo harán las buenas, aunque no nos resulte muy agradable: se nos va un ser querido o perdimos el trabajo.

Vivimos etapas de nuestra vida en plena luz, otras en la oscuridad más completa. Pero, aunque a veces no nos guste, este constante movimiento es inevitable y positivo, pues el contraste nos permite reflexionar, tomar conciencia, apreciar lo bueno aunque dure pocos momentos, y de esta manera evolucionar como seres.

6. LEY DE CAUSA Y EFECTO

Lo que cosechamos en nuestra vida es el producto de lo que sembramos con nuestros pensamientos, palabras y acciones. Nada ocurre casualmente, todo sucede conforme a esta ley. Nosotros, voluntariamente, podemos cambiar las situaciones más desagradables en nuestra existencia con solo decidirlo. De a poquito, un paso por vez. Una palabra, luego una acción, y estas son las causas que producirán los efectos que nos proponemos. Nunca haremos el viaje soñado si no estudiamos mentalmente el mismo y no nos ponemos a ahorrar un poco cada mes. El plan mental y el ahorro serán las causas que producirán el viaje como efecto.

En metafísica esta ley es llamada karma "del", pues las situaciones que estamos viviendo en esta existencia, fácilmente son consecuencias de vidas anteriores. Pero, como podemos darnos cuenta, está únicamente en nuestras manos cambiar nuestro futuro: comenzamos entonces desde ahora mismo a sembrar semillas sanas y productivas para poder tener una futura cosecha abundante y próspera.

7. LEY DE GENERACIÓN

La finalidad de éste principio es crear. Esta séptima ley es la creadora, y nos enseña que todo, en el universo, busca su complementación, y esto solo se encuentra en un elemento opuesto. Para generar, crear, se necesitan los elementos masculinos y femeninos, y si bien cada ser humano contiene cierta cantidad de estos dos elementos en su esencia, no puede, por si solo, activar el proceso de la creación.

Todo el universo busca su complementación, conocemos la atracción y repulsión de los átomos y las moléculas, o la cohesión entre las partículas de la materia. Los opuestos son necesarios para el crecimiento de ambos, pues por si solos no pueden activar la ley creadora. Además necesitamos de un opuesto que nos sirva de espejo para vernos reflejados en él y podernos superar cada día más.

Recuerda siempre, amigo lector: estas leyes actúan independientemente de nuestra voluntad. Nuestro proceder determina si en favor o en contra.

Recibe muchas bendiciones, que la Luz Divina te acompañe siempre.

About the Author

Videnza Scala es una psíquica que ha dedicado su vida poniendo al servicio de quién los necesite, sus dones.Rompe hechizos, contacta con seres fallecidos y ofrece soluciones a problemas paranormales que parecían insolubles.Centenares de personas han acudido a ella y puesto en práctica las recetas que ofrece en este libro, altamente comprobadas.

About the Publisher

Blue dragoon Books es una editorial que publica y/o distribuye libros de Nueva Era a nivel mundial. Blue dragoon Books is a publishing house that publishes and/or distributes New Age books worldwide.Si eres autor y deseas distribución a nivel mundial para tu obra escríbenos a/ if you are an author that wants to have a worldwide distribution for your book write to us at: bluedragoonmf@gmail.com

Read more at payhip.com/bluedragoonbooks.